全国“八五”普法学习读本系列

农村“两委”干部以案释法读本

（第二版）

全国“八五”普法学习读本编写组　编

法律出版社
LAW PRESS · CHINA
北京

图书在版编目(CIP)数据

农村"两委"干部以案释法读本 / 全国"八五"普法学习读本编写组编. -- 2 版. -- 北京 : 法律出版社, 2021(2023.12 重印)

ISBN 978-7-5197-5997-1

Ⅰ. ①农… Ⅱ. ①全… Ⅲ. ①法律-中国-通俗读物 Ⅳ. ①D920.5

中国版本图书馆 CIP 数据核字(2021)第 199345 号

农村"两委"干部以案释法读本(第二版)
NONGCUN "LIANGWEI" GANBU YIANSHIFA DUBEN (DI-ER BAN)

全国"八五"普法学习读本编写组 编

策划编辑 沈小英
责任编辑 陈 妮 王 鸿
装帧设计 汪奇峰

出版发行 法律出版社
编辑统筹 法治与经济出版分社
责任校对 杨锦华 王沁陶
责任印制 吕亚莉
经 销 新华书店

开本 710 毫米×1000 毫米 1/16
印张 15.25 字数 253 千
版本 2021 年 11 月第 2 版
印次 2023 年 12 月第 6 次印刷
印刷 固安华明印业有限公司

地址:北京市丰台区莲花池西里 7 号(100073)
网址:www.lawpress.com.cn
投稿邮箱:info@lawpress.com.cn
举报盗版邮箱:jbwq@lawpress.com.cn
销售电话:010-83938349
客服电话:010-83938350
咨询电话:010-63939796

书号:ISBN 978-7-5197-5997-1
定价:56.00 元
凡购买本社图书,如有印装错误,我社负责退换。电话:010-83938349

撰稿人

佟丽华　王　芳　姚艳姣

编 写 说 明

2020 年 11 月 16 日至 17 日召开的中央全面依法治国工作会议，明确了习近平法治思想在全面依法治国工作中的指导地位，这是我国社会主义法治建设中具有现实意义和深远意义的大事。习近平法治思想是马克思主义法治理论中国化的最新成果，是习近平新时代中国特色社会主义思想的重要组成部分，是全面依法治国的根本遵循和行动指南。

在习近平新时代中国特色社会主义思想指导下，为深入学习贯彻习近平法治思想，我们编写了《农村"两委"干部以案释法读本》（第二版），以落实《中央宣传部、司法部关于开展法治宣传教育的第八个五年规划（2021—2025 年）》，切实抓好普法学习宣传，增强农村"两委"干部的法治观念，维护好农民权益。主要修订如下：

第一，内容方面。由于一些涉及农村"两委"干部的法律法规等规范性文件已修改，本书对相应内容予以完善与修订，并补充了新颁布的法律法规、规章及司法解释等规范性文件的内容。具体有：(1)《村民委员会组织法》于 2018 年 12 月 29 日修正，涉及该法的内容包括，第一篇"村民自治"的第一部分"村民委员会选举"、第二部分"村务公开和民主管理"及其他篇章一些题目。(2)《民法典》的颁布和实施，对农村"两委"干部的工作也有重大影响，特别是《民法典》中的"物权编"，本书涉及该法的题目主要集中在第二篇"农用地、宅基地及房屋"。(3)《农村土地承包法》于 2018 年 12 月 29 日修正，对"农村土地承包经营权"及"土地经营权流转"的规定与之前有较大改变，主要集中在第二篇中"农用地"这一部分。(4)《中国共产党纪律处分条例》于 2018 年 8 月修订，主要集中在

第六篇“村‘两委’违纪违法行为”的第一部分“纪律惩处”。(5)《土地管理法》于2019年8月26日修正,本书涉及该法的内容已作修改。(6)《中国共产党农村基层组织工作条例》经修订,自2018年12月28日起施行,本书涉及该法的内容已作修改。(7)除了上述涉及较多题目的法律法规外,有修改或新颁布的其他法律法规、规章和司法解释包括《老年人权益保障法》《未成年人保护法》《刑事诉讼法》《义务教育法》《药品管理法》《行政处罚法》《城乡规划法》《农业机械化促进法》《固体废物污染环境防治法》《农业机械安全监督管理条例》《农产品质量安全法》《大气污染防治法》《中国共产党党员权利保障条例》《农村土地经营权流转管理办法》《互联网上网服务营业场所管理条例》《民政部 财政部关于进一步做好困难群众基本生活保障工作的通知》《关于加强和改进乡村治理的指导意见》《最高人民法院关于审理涉及农村土地承包纠纷案件适用法律问题的解释》《最高人民法院关于适用〈中华人民共和国民法典〉婚姻家庭编的解释(一)》《最高人民法院关于适用〈中华人民共和国民法典〉继承编的解释(一)》等。本书对相应内容均作了补充与修订,并新增了6个题目,删除了2个题目,对相关内容作出大幅度调整。

此外,本书增加了在新时代背景下与农村“两委”干部工作职责密切相关的案例。根据2019年8月19日起施行的《中国共产党农村工作条例》,第一篇“村民自治”中新增与村党支部工作内容、工作原则密切相关的案例。第二篇“农用地、宅基地及房屋”中新增农村房屋买卖等实践案例。第五篇“治安和人民调解”中新增新时代“枫桥经验”等促进社会和谐稳定的案例。

第二,结构方面。将第四篇标题修改为“解决处理家庭事务纠纷”,第四篇第一部分“婚姻家庭”改为“婚姻家庭继承”,原第四篇第三部分“环境保护”移到第三篇,作为其第三部分,将第三篇标题修改为“促进生产经营与保护环境”,使全书编排更加科学合理,更加全面充分地梳理新时代背景下农村“两委”干部的工作职责内容。

第三，文字方面。对小标题作了调整修改，力求简洁、平易；文风更加精练，详略得当，重点突出。

普法宣传是一个长期、持续的过程，任重道远。2020 年 12 月，中共中央印发了《法治社会建设实施纲要（2020—2025 年）》，明确提出到 2025 年，“八五”普法规划实施完成，法治观念深入人心，社会领域制度规范更加健全，社会主义核心价值观要求融入法治建设和社会治理成效显著，公民、法人和其他组织合法权益得到切实保障。希望本书能为我国的法治建设、村民的权益维护发挥作用，作出应有的贡献。

全国“八五”普法学习读本编写组

2021 年 10 月

目录

Contents

第一篇　村民自治

一、村民委员会选举 / 3

1. 村民选举委员会是做什么的 / 3
2. 如何推选村民选举委员会成员 / 4
3. 什么情况下村民选举委员会成员必须辞去职务 / 5
4. 成为选民必须满足哪些条件 / 6
5. 哪些村民不能参加选举 / 7
6. 如何进行选民登记 / 8
7. 如何提名候选人 / 10
8. 如何确定候选人名额 / 11
9. 候选人中必须要有妇女成员吗 / 12
10. 如何确定正式候选人 / 13
11. 组织正式候选人见面应该安排在什么时候 / 13
12. 如何选举村民委员会主任、副主任 / 14
13. 选民的投票方式有哪些 / 15
14. 怎么进行委托投票 / 16
15. 举行另行选举，应该注意哪些事项 / 17
16. 哪些情形会导致选举无效 / 19
17. 选举产生的村民委员会成员中可以没有妇女委员吗 / 20

18. 村民委员会成员可以享受哪些补贴 / 20
19. 如何罢免村“两委”成员 / 22
20. 村民委员会选举中的哪些行为构成贿选 / 23
21. 村党支部委员可以参加村民委员会选举吗 / 25
22. 如何对待破坏村民委员会选举的行为 / 26
23. 换届选举结束后,原村民委员会不交接工作怎么办 / 27
24. 村民委员会须接受哪些经济责任审计 / 28
二、村务公开和民主管理 / 31
1. 村里的事务由谁来决定,村民委员会有决定权吗 / 31
2. 村级民主决策一般按哪些程序进行 / 32
3. 如何召开村民会议 / 33
4. 哪些事情须经村民会议讨论决定 / 34
5. 村民代表会议由哪些人组成 / 36
6. 村民代表会议可以决定哪些事情 / 36
7. 未经村民会议或者村民代表会议讨论决定,村民委员会对村内事务自作主张的,会受到什么处罚 / 37
8. 什么是村民小组会议 / 38
9. 哪些村务需要进行公开 / 39
10. 村务公开要采取什么形式 / 41
11. 村民委员会不对村务进行公开怎么办 / 42
12. 村务监督委员会要做哪些工作 / 43
13. 如何对村“两委”干部进行评议 / 44
14. 村党组织和村民委员会是什么关系 / 45
15. 如何建立村级党组织 / 47
16. 村党支部班子成员应当承担哪些经济责任 / 48
17. 村党支部承担的精神文明建设责任有哪些 / 49
18. 村党支部承担的乡村治理责任有哪些 / 51

19. 村党支部如何做好党员队伍建设工作 / 53
20. 村党支部讨论哪些问题时必须进行表决 / 55
21. 村党支部有哪些工作任务 / 56
22. 村党支部开展工作应当遵循什么原则 / 58
23. 村“两委”如何保管村民委员会公章 / 59

第二篇　农用地、宅基地及房屋

一、农用地 / 63
1. 承包人把承包地租给外村村民，村民委员会怎么办 / 63
2. 村民全家搬到城里，村民委员会应如何处理其承包地 / 64
3. 农村集体企业被国有企业兼并后，原农村集体企业使用的土地归谁所有 / 65
4. 村民允许他人往自家耕地上倾倒建筑垃圾，村民委员会应如何处理 / 65
5. 村民委员会计划写一份土地承包合同，合同中必须包括哪些内容 / 66
6. 村民委员会在什么情况下能自己决定改变或解除与村民签订的承包经营合同 / 68
7. 村民私自填河造地，村民委员会应如何处理 / 69
8. 村民在自留地盖房子，村民委员会应如何处理 / 69
9. 村民在村里承包的农田上种树、盖蔬菜大棚，村民委员会应如何处理 / 70
10. 村民委员会向因土地整理受益的村民收取土地整理费有法律依据吗 / 71
11. 土地承包期内，村民要求重新发包土地，村民委员会应如何处理 / 72
12. 掌握哪些原则规定，有助于村干部更好地处理农村土地经营权流

转的矛盾 / 73
13. 村民转让土地承包经营权的,村民委员会要注意哪些问题 / 74
14. 村民流转土地经营权,都有哪些形式 / 75
15. 出租土地经营权时,村民委员会应当了解的规定有哪些 / 76
16. 发包荒山,村民委员会应该注意什么 / 78
17. 妇女婚姻关系变动对土地承包有什么影响 / 79
二、宅基地及房屋 / 81
1. 新生儿落户本村后,其家人以其名义申请宅基地的,村民委员会应如何处理 / 81
2. 村民在宅基地外增建房屋,村民委员会该怎么处理 / 82
3. 村民申请到的宅基地空置了一段时间,村民委员会能否收回 / 83
4. 村民进城落户后能否继续保留宅基地 / 84
5. 子女要求继承老人宅基地的,村民委员会应如何处理 / 85
三、村庄规划及房屋建设 / 86
1. 村庄规划方案未公开,遭到村民抵制怎么办 / 86
2. 村民委员会建老年活动中心需要占用集体土地时,应注意哪些程序 / 87
3. 村民委员会筹资筹劳修建道路时要注意哪些问题 / 88
4. 村民申请建房的,村民委员会需要做好哪些工作 / 90
5. 村民将房屋卖给了外村村民,买卖协议无效,村民委员会应如何调解 / 90
6. 继承老人自有房屋发生纠纷,村民委员会应如何处理 / 91
7. 村民委员会因拆迁补偿费问题与村民发生纠纷的,该怎么处理 / 92
8. 村民委员会可否强制要求土地互换 / 94

第三篇　促进生产经营与保护环境

一、农业生产 / 99
1. 村集体资产都有哪些 / 99
2. 村民委员会要在哪些方面加强对农村集体资产的管理 / 100
3. 如何依法处理闲置的农用设备 / 102
4. 哪些鼓励、促进农业机械化的法律规定能让村民直接受益 / 103
5. 村集体经济组织安排使用农业机械生产时有哪些注意事项 / 104
6. 推广农业技术时,村民委员会要承担哪些职责 / 105
7. 没有建立农产品生产记录会产生什么后果 / 106
8. 被划定为"禁止生产区"后,会给承包人带来哪些影响 / 106
9. 承包人擅自破坏承包地附近的农田灌溉设施,村民委员会应如何处理 / 108
10. 村民委员会负责维护农田水利工程时,要做好哪些工作 / 109
11. 水利设施建设中,农村集体经济组织应参与哪些事情 / 110
12. 村民买到假种子遭受经济损失,村民委员会如何介入帮助村民维权 / 111
13. 农村集体经济组织中需要接受审计的事项包括哪些 / 112
14. 村民委员会接受审计,依法需要做好哪些事情 / 113
二、经济发展 / 114
1. 村民委员会在促进农业产业化发展工作上需要注意哪些问题 / 114
2. 什么情形下要缴纳耕地占用税 / 115
3. 村民委员会有权开发在村庄规划范围内的矿产吗 / 117
4. 村民委员会在开展农产品收购时,要注意哪些问题 / 118
5. 村民委员会开拓网络销售渠道时,要注意哪些问题 / 119
6. 销售绝对不能销售的农产品会面临什么处罚 / 121

三、环境保护 / 122
1. 村“两委”在保护农村生态环境上有哪些职责 / 122
2. 村内工厂向外排放污水,村民委员会该怎么办 / 123
3. 国家禁止新建的严重污染水环境的生产项目有哪些 / 124
4. 企业向农田灌溉渠道排放污水,村民委员会应如何处理 / 125
5. 在处理农村生活垃圾问题上,村“两委”应该怎么做 / 125
6. 村民在村内随意倾倒生活垃圾,村民委员会应如何处理 / 127
7. 村民露天焚烧秸秆,村民委员会应如何处理 / 128

第四篇　解决处理家庭事务纠纷

一、婚姻家庭继承 / 133
1. 外迁村民想要回迁户口,村民委员会应如何处理 / 133
2. 村民离婚后要求对方返还彩礼,村民委员会应如何处理 / 133
3. 村民非婚生子,孩子的落户问题村民委员会该如何解决 / 134
4. “三孩”政策全面实施后,给村计划生育委员会的工作带来哪些改变 / 135
5. 村民离婚后就孩子的抚养权问题发生纠纷,村民委员会应如何调解 / 136
6. 村里有不到法定结婚年龄的年轻人办酒结婚,村民委员会应该做些什么工作 / 137
7. 村里老年人的赡养问题,村民委员会应如何介入调解 / 138
8. 男方醉酒后对家人拳打脚踢,村民委员会该怎么介入 / 139
9. 未成年村民独自一人在家生活,村民委员会该如何介入 / 140
10. 农村外嫁女因继承权问题向村民委员会求助,村民委员会该怎么办 / 141
二、生活保障服务 / 143
1. 法律规定的村民委员会作为监护人的情形有哪些 / 143

2. 撤并学校后学生辍学情况严重，村民委员会该怎么办 / 144
3. 村办学校能对本村外学生收费吗 / 145
4. 村民举报，村内有隐蔽的网吧、游戏厅让未成年人进入，村民委员会该怎么办 / 145
5. 落实留守儿童保护政策中，村民委员会承担的职责有哪些 / 147
6. 村内老年人三五成群聚在一起打麻将或打牌，有人举报赌博，村民委员会该怎么办 / 148
7. 村民与村民委员会签订遗赠扶养协议时，村民委员会应履行的职责有哪些 / 149
8. 村民委员会在落实社区养老工作中要履行哪些职责 / 150
9. 村民委员会在落实特困人员救助供养政策时，应履行的职责有哪些 / 152
10. 村民举报村里的药店卖假药，村民委员会该如何处理 / 153

第五篇　治安和人民调解

1. 村内巡逻员在执行公务时受伤，村民委员会应如何处理 / 157
2. 村内商贩在公共场所携带管制刀具，村治安员发现后该怎么办 / 158
3. 村治安保卫人员抓获小偷后，应当怎么做 / 158
4. 村民将房屋出租给他人进行犯罪活动，村民委员会应当如何处理 / 159
5. 村民在承包地上打群架，本村治安员应该如何处理 / 160
6. 如果发现本村村民“买卖”媳妇，村民委员会应如何介入 / 161
7. 村干部应如何将“枫桥经验”在本地落地生根 / 161
8. 学习“枫桥经验”，为什么要创新群众工作方法 / 162
9. 村干部处理涉农纠纷时应如何善用调解 / 163
10. 村干部制定调解方案时应关注哪些方面 / 164

11. 村民委员会与律师如何良性配合 / 164
12. 村民委员会在调解家庭成员之间、邻里之间纠纷时的实用技巧有哪些 / 165
13. 如果人民调解员在调解纠纷中被当事人打伤,村民委员会应该怎么做 / 165
14. 村民买到假冒伪劣产品,村民委员会应该怎么引导村民依法维权 / 166
15. 村民委员会在调解有关老年人的家庭纠纷时,应当注意哪些法律规定 / 167
16. 本村发生村民非正常死亡事件,村民委员会应急处理中应注意哪些问题 / 168

第六篇 村“两委”违纪违法行为

一、纪律惩处 / 171
1. 在村级事务决策中独断专行、以权谋私的行为有哪些 / 171
2. 在村级事务管理中滥用职权、损公肥私的行为有哪些 / 173
3. 在村级事务监督中弄虚作假、逃避监督的行为有哪些 / 175
4. 村“两委”干部妨害和扰乱社会管理秩序的行为有哪些 / 177
5. 对村“两委”班子成员违反廉洁履行职责规范的该如何处理 / 179
6. 对于侵犯本村党员权利的行为应如何处理 / 180
7. 党内监督的重点是什么 / 181
8. 村党组织、党员在党内监督方面都有哪些责任和权利 / 182
9. 村党支部讨论工作应遵循什么议事规则 / 183
10. 对本村重要情况以及重大问题不报告或者请示的,应如何处理 / 184
11. 村“两委”干部违反减轻农民负担政策的行为有哪些 / 185
12. 因农民负担问题引发重大案(事)件后,追究对象是谁 / 187

13. 对村党支部和党员的纪律处分种类都有哪些 / 187
14. 党员在哪些情况下会被开除党籍 / 190
15. 对于涉嫌违法犯罪的党员,党纪处分和国法处罚该如何衔接 / 191
16. 什么情况下要对党员从重或者加重处分 / 192
17. 什么情况下可以对党员从轻或者减轻处分 / 193
18. 村党组织违纪应如何处理 / 193
19. 对党员作出纪律处分后,村党支部还需要履行哪些程序 / 194
20. 党员干部应了解的违反政治纪律的违纪行为及其处分有哪些 / 195
21. 党员干部应了解的违反组织纪律的违纪行为及其处分有哪些 / 201
22. 党员干部应了解的违反廉洁纪律的违纪行为及其处分有哪些 / 204
23. 党员干部应了解的违反群众纪律的违纪行为及其处分有哪些 / 210
24. 党员干部应了解的违反工作纪律的违纪行为及其处分有哪些 / 212
25. 党员干部应了解的违反生活纪律的违纪行为及其处分有哪些 / 215
26. 村“两委”干部利用职务之便发放土特产应如何处理 / 216
二、违法犯罪 / 218
1. 如何认定村“两委”干部的行为是否构成贪污罪 / 218
2. 村“两委”干部哪些行为构成受贿罪 / 220
3. 村“两委”干部哪些行为构成挪用公款罪 / 222
4. 村“两委”干部哪些行为构成挪用资金罪 / 224
5. 村“两委”干部哪些行为构成职务侵占罪 / 225
6. 如何认定村“两委”干部的行为是否构成行贿犯罪 / 226

第一篇
村民自治

一、村民委员会选举

▶ 1. 村民选举委员会是做什么的

案例

某村要进行村民委员会选举了，这是村里的一件大事，全村人都十分关注。每次选举，都是该村村民委员会在召集大家，村民小李质疑：听说人家都由村民选举委员会主持选举，为什么咱们村的选举是由村民委员会出面呢？

解析

村民委员会选举应当由村民选举委员会负责，由村民委员会召集、主持是不合法的。

《村民委员会组织法》（2018 年 12 月修正）第 2 条第 1 款和第 2 款规定，村民委员会是村民自我管理、自我教育、自我服务的基层群众性自治组织，实行民主选举、民主决策、民主管理、民主监督。村民委员会的职责是办理本村的公共事务和公益事业，调解民间纠纷，协助维护社会治安，向人民政府反映村民的意见、要求和提出建议。

中共中央办公厅、国务院办公厅《关于进一步做好村民委员会换届选举工作的通知》（中办发〔2002〕14 号）中明确指出，村民委员会选举是推动农村工作发展、维护改革发展稳定大局的重要途径。由村民直接选举村民委员会，是法律赋予村民的一项基本民主权利，是基层民主的重要体现。搞好村民委员会换届选举，必须充分发扬民主，切实保障广大村民在选举各环节中的权利,使村民委员会选举真正体现农民群众的意愿。

《村民委员会组织法》第 12 条第 1 款规定:“村民委员会的选举,由村民选举委员会主持。”因此,为了选举出一个能从全体村民利益出发开展工作的村民委员会,首先就要推选一个客观、中立的村民选举委员会,村民选举委员会是领导、组织和主持村民委员会选举的唯一合法机构,所有选举工作均由村民选举委员会主持。在选举期间,所有的登记、通知、公告、答疑等与选举有关的活动都由村民选举委员会负责。

根据民政部印发的《村民委员会选举规程》(民发〔2013〕76 号)第 1 章第 4 条的规定,村民选举委员会主要履行以下具体职责:

(1)制定村民委员会选举工作方案;(2)宣传有关村民委员会选举的法律、法规和政策;(3)解答有关选举咨询;(4)召开选举工作会议,部署选举工作;(5)提名和培训本村选举工作人员;(6)公布选举日、投票地点和时间,确定投票方式;(7)登记参加选举的村民,公布参加选举村民的名单,颁发参选证;(8)组织村民提名确定村民委员会成员候选人,审查候选人参选资格,公布候选人名单;(9)介绍候选人,组织选举竞争活动;(10)办理委托投票手续;(11)制作或者领取选票、制作票箱,布置选举大会会场、分会场或者投票站;(12)组织投票,主持选举大会,确认选举是否有效,公布并上报选举结果和当选名单;(13)建立选举工作档案,主持新老村民委员会的工作移交;(14)受理申诉,处理选举纠纷;(15)办理选举工作中的其他事项。

▶ 2. 如何推选村民选举委员会成员

案例

老李已经当了 3 年村主任,具有一定威望,他自认为工作能力不错,还想连选连任,但是近些年也有不少村民反映他独断专行等问题。老李担心在这一届选举中落选,就想安插自己的亲信进入村民选举委员会,于是推荐自己的侄子进入村民选举委员会。可以这样推选吗？

解析

村民选举委员会是贯穿选举始终的重要机构，根据《村民委员会选举规程》第1章第1条的规定，村民选举委员会的人数应当根据村民居住状况、参加选举村民的多少决定，不少于3人，以奇数为宜。

为了确保村民选举委员会在主持选举过程中公平、公正，《村民委员会组织法》第12条第2款规定了3种推选村民选举委员会的方式，即"村民会议、村民代表会议或者各村民小组会议"。村民均可推选村民选举委员会主任和委员，村民选举委员会成员按得票多少的顺序确定当选。推选过程可以由上一届村民委员会主持，但是，任何组织和个人均不得委派或指定某位村民担任村民选举委员会成员。《村民委员会选举规程》第1章第1条规定，村民之间有近亲属关系的，不宜同时担任村民选举委员会成员。

中共中央办公厅、国务院办公厅《关于进一步做好村民委员会换届选举工作的通知》中第3部分要求，要做到由村民会议或各村民小组民主推选产生村民选举委员会，保证村民的推选权。村党支部领导班子成员按照规定的推选程序担任村民选举委员会成员，不能硬性规定或由组织指定、委派。

综上，老李和其他村民委员会工作人员可以组织推选村民选举委员会成员，但是仅限于程序性的工作，他们不得干涉村民选举委员会的任何推选工作，更不能在村民选举委员会中安插自己的亲信。

3. 什么情况下村民选举委员会成员必须辞去职务

案例

老张是上一届村民委员会委员，主要负责治安保卫工作，深得村民信任。但是,老张觉得自己年事已高、精力不济,声明要退出新一届村民委员会选举,后被推举为村民选举委员会委员。可是,在选举时,又有村民联名推选老张担任村民委员会委员。遇到这种情况,老张要退出村民选举委员会吗?

解析

在一般情况下,担任村领导职务的村民选举委员会成员不宜过多,很多地区明确要求不得超过半数。村民选举委员会处在中立第三方的位置,其工作职责是主持本村换届选举,因此,根据《村民委员会组织法》第12条第3款、第4款的规定,一旦村民选举委员会成员被提名为村民委员会成员候选人,就必须辞去村民选举委员会职务。人数不足的村民选举委员会成员可再进行增补,既可以按照原推选结果依次递补,也可以另行推选。所以,老张被提名为村民委员会委员,须退出村民选举委员会。

《村民委员会选举规程》第1章第3条规定,如果村民选举委员会成员不履行职责,致使选举工作无法正常进行的,经村民会议、村民代表会议或者村民小组会议讨论同意,其职务应当终止。

4. 成为选民必须满足哪些条件

案例

李大爷今年82岁了,去年被儿子接到县城居住。李大爷身体不好,行动不便,但是头脑很清醒,对村里的事务也比较关心。李大爷的户籍还在村里,他想回村里参加选举,村里能给他发选民证吗?

解析

我国法律依法保障村民的选举权和被选举权,《村民委员会组织法》第13条规定,只要是年满18周岁的村民,不分民族、种族、性别、职业、家庭出身、宗教信仰、教育程度、财产状况、居住期限，都可以参加选举。但是，依照法律被剥夺政治权利的人除外。

具体来说，年满 18 周岁、未被剥夺政治权利的下列人员可以列入参加选举的村民名单：

第一，户籍在本村并且在本村居住的村民。

第二，户籍在本村，不在本村居住，但本人表示参加选举的村民。对于登记期间不在本村居住或登记前临时外出的村民，村民选举委员会应通过各种通信方式通知到本人，这些选民可以通过委托的方式进行选举。

第三，户籍不在本村，在本村居住一年以上，本人申请参加选举，并且经村民会议或者村民代表会议同意参加选举的公民。但需要注意的是，已经在户籍所在村登记参加选举的村民，不得再参加居住地村民委员会的选举。

综上，李大爷可以回村参加选举。如果李大爷行动不便不方便回村，可以通过委托其他村民代为投票的方式参加选举。

▶ 5. 哪些村民不能参加选举

案例

小刘因为当年高考失败而深受打击，他的头脑时而清醒时而糊涂，糊涂时连自己的父母都不认识。现在，小刘已经年近三十，写得一手好字，偶尔清醒时也能跟家里人说上几句话。他可以参加选举吗？

解析

我国充分保障村民的选举权与被选举权，《村民委员会组织法》第 13 条明确规定，只有被剥夺政治权利的人不享有选举权和被选举权。对于精神状态不正常、无法正常表达意志的人，法律并没有禁止其参加选举。但是，此类人因无法正常表达，行使选举权也很难体现其真实意思，对此，

“中国人大网”在2000年11月28日刊登的《怎样正确对待精神病患者的选举权与被选举权?》一文对此作出解释:

“精神病患者是指精神失常,精神错乱,神志不清,失去了辨认或控制自己行为能力的人。这些人中,有的长期处于失去行使和支配自己意志能力的状态;有的处于间歇性发作状态。在确定精神病患者的选举权和被选举权时,应注意以下两点:

1. 从法律上讲,精神病患者是由于生理上的原因而丧失行使政治权利的能力,这同被依法剥夺政治权利的人有着本质的区别,绝不能将二者混为一谈。

2. 具体确定某个精神病患者是否能行使选举权利,通常要由监护人、周围群众、所在单位或医疗机构证明。凡属经常处于失去行使和支配自己意志能力的精神病患者,经选举委员会确认,可不列入选民名单;对于间歇性发作的精神病患者,则应列入选民名单,若在投票选举日精神病发作,则应作为暂不能行使选举权利处理。”

因此,小刘是享有选举权的,应当列入选民名单。小刘如果在投票日精神病发作,则不能行使选举权利。

▶ 6. 如何进行选民登记

案例

小林在村里开了一个小商店,他非常关注村民委员会选举工作,没事的时候就去村里问问什么时候发选民证。问了几次都没消息,他就开始抱怨村民选举委员会的工作效率低,那么长时间了都没有开始选举,在村民间产生了一定的影响。于是,本村村民选举委员会的工作人员跟小林详细解释了选民登记的程序,希望小林多多理解和支持他们的工作。那么进行选民登记都有哪些程序呢?

解析

选民登记工作是组织选举的基础性工作，属于选举中一项极其重要的程序。我国《村民委员会组织法》第14条第1款规定，登记参加选举的村民名单应当在选举日的20日前由村民选举委员会公布，接受群众的监督。

中共中央办公厅、国务院办公厅《关于进一步做好村民委员会换届选举工作的通知》中明确要求，在村民委员会选举中，要特别注意几个关键环节，其中第2项就是选民登记。选民登记是一项比较烦琐的工作，在实践中必须认真处理，不能错登、重登、漏登，以保证村民的选举权。同时，要认真研究城镇化、户籍制度改革、人口流动等给选民登记工作带来的新情况、新问题，保证广大村民群众都能依法行使自己的选举权利。

对于选民登记程序，村民选举委员会应当做好以下几项工作：

第一，向全体村民公布选举日和选民登记日。选民登记开始前，村民选举委员会应发布公告，公布本届村民委员会选举的选举日和选民登记日，明确选民登记的起止时间和登记办法。公告要集中张贴在本村显眼的位置，以便村民知晓并互相转告。

第二，对选民登记造册。村民选举委员会要从本村具有选民资格的村民中，挑选一些有文化、办事认真、熟悉本村情况的人担任选民登记员，分片处理本村的选民登记。选民登记员要认真学习法律、法规有关选民登记的规定和上级有关文件精神，对本村选民进行登记造册。在工作中，对于本届选举期间已经死亡、依法被剥夺政治权利的村民，应当从选民名单上除名；对新满18周岁的、户口新迁入本村享有选举权和被选举权的、被剥夺政治权利期满后恢复政治权利的村民，应当予以补充登记。选民登记员可按照当地统一制式将具有本村选民资格的村民按顺序号登记造册。

第三，将选民名单张榜公布。登记造册的选民名单经村民选举委员会审核确认后,于选举日20日以前公布,可以以公告形式张贴在本村显著位置。

第四,依法保障村民的申诉权。《村民委员会组织法》第14条第2款规定,对登记参加选举的村民名单有异议的,应当自名单公布之日起5日内向村民选举委员会申诉,村民选举委员会应当自收到申诉之日起3日内作出处理决定,并公布处理结果。

第五,颁发选民证。村民未对选民名单提出异议的,村民选举委员会根据选民名单填写选民证,并将选民证发到选民手中。

▶ 7. 如何提名候选人

案例

赵某想参加村民委员会主任的选举,他本想自荐,但又怕人说闲话。于是,赵某就想让参加选举的宗族的人联名推选他为候选人。那么,候选人应该怎么提名呢?

解析

村民委员会选举的候选人,应当是从全体村民利益出发,奉公守法、品行良好、公道正派、热心公益、具有一定文化水平和工作能力的村民。根据《村民委员会组织法》第15条第1款的规定,“选举村民委员会,由登记参加选举的村民直接提名候选人”。因此,村子里具有选举权的同宗族的人联名推选也是允许的,但是被推选的人应当符合候选人的要求。

根据《村民委员会选举规程》第4章“提名确定候选人”的规定,候选人的提名应当符合以下规定:

首先,应当由村民会议或村民代表会议拟定村民委员会的职位和职数,村民选举委员会应当及时公布,并报乡级人民政府或者乡级村民委员会选举工作指导机构备案。

其次,村民选举委员会应当根据村民委员会主任、副主任、委员的职数,分别拟定候选人名额。候选人名额应当多于应选名额。比如,村民委员会主任设 1 人,则拟定的候选人名额可以为 2 人。

再次,村民委员会成员候选人,应当由登记参加选举的村民直接提名,根据拟定的候选人名额,按照得票多少确定。每一村民提名人数不得超过拟定的候选人名额。无行为能力或者被判处刑罚的,不得提名为候选人。候选人中应当有适当的妇女名额,没有产生妇女候选人的,以得票最多的妇女为候选人。

最后,村民选举委员会应当以得票多少为序,公布候选人名单,并报乡级村民委员会选举工作指导机构备案。候选人不愿意接受提名的,应当及时向村民选举委员会书面提出,由村民选举委员会确认并公布。候选人名额不足时,按原得票多少依次递补。

另外,村民委员会选举,也可以采取无候选人的方式,一次投票产生。

▶ 8. 如何确定候选人名额

案例

某村要选举产生村民委员会主任、副主任和委员共 5 人。在推选候选人时,村民代表任某提出,候选人多了容易乱,推选的名额只要多于应选人数即可,因此他建议推选 6 个候选人参加选举。任某的提法正确吗?

解析

关于候选人名额,《村民委员会组织法》没有具体规定,仅在第 15 条第 1 款中提到“候选人的名额应当多于应选名额”。参照各地实际经验,村民委员会主任、副主任和委员均实行差额选举,并通过预选或按村民提名得票数多少确定,不能由少数人甚至个别人说了算。主任、副主任候选人数比应选人数多1人,村民委员会委员的候选人数比应选人数多1~3人。

有的地区采取不分职务的方式进行提名,如果不分职务提名时,所确定候选人的名额一般至少是应选名额的2倍。

▶ 9. 候选人中必须要有妇女成员吗

案例

某村是一个小村庄,此次村民委员会选举的候选人中很难推选出大家都比较信服的女性村民,这让村民选举委员会非常苦恼。最后,村民选举委员会副主任王某提出候选人中必须要有女性村民,实在不行就把两个票数相对高的女性村民均作为候选人,可是村民选举委员会其他委员都表示反对,认为她们没有多大竞争力,列了也白列。那么,候选人中必须要有妇女成员吗?

解析

农村的很多工作都是涉及妇女的。为了便于开展工作,《村民委员会组织法》第6条第2款中规定:“村民委员会成员中,应当有妇女成员。”因此在推举候选人时,必须要有妇女。另外,为了能使代表更具广泛性,也必须要有妇女成员。

《村民委员会选举规程》第4章第3条第2款明确规定:“候选人中应当有适当的妇女名额,没有产生妇女候选人的,以得票最多的妇女为候选人。”中共中央办公厅、国务院办公厅《关于加强和改进村民委员会选举工作的通知》中“提倡把更多女性村民特别是村妇代会主任提名为村民委员会成员候选人”。

《村民委员会组织法》第6条第2款还规定,对于多民族村民居住的村,村民委员会组成人员中,应该有人数较少的民族的成员。

▶ 10. 如何确定正式候选人

案例

某村今年要进行村民委员会选举,关于候选人的问题,村民之间有些争论。一些人说,村里需要“能人”,要选那些有本事带着大家发财的人。有人却提出了不同意见,认为村民委员会成员首先要守法、公道,靠歪门邪道发财的人决不能选。那么,该怎么确定正式候选人呢?

解析

《村民委员会组织法》第15条第1款规定,“村民提名候选人,应当从全体村民利益出发,推荐奉公守法、品行良好、公道正派、热心公益、具有一定文化水平和工作能力的村民为候选人”。因此,村民委员会选举的候选人一定是奉公守法、品行良好的,如果有违法犯罪或其他不正当行为的,即使很有“本事”,也不能被提名为候选人。

根据《村民委员会选举规程》第4章第4条的规定,对于已经被提名的候选人,村民选举委员会要征求正式候选人本人的意见。如果候选人不接受提名的,本人应当在选举日前及时向村民选举委员会提出书面意见,由村民选举委员会确认并公布。由此造成候选人名额不足的,在原被提名人中按得票多少依次递补。

最后,村民选举委员会要在选举日前,按提名人数多少的顺序公布正式候选人名单,并报乡级村民委员会选举工作指导机构备案。

▶ 11. 组织正式候选人见面应该安排在什么时候

案例

按照程序,在候选人最终确定以后,应该组织候选人跟村民见面。有村民提出了不同意见:都是本村的人,一提名字就都知道,为什么非要安排专门见面呢？那么，要不要组织候选人见面呢？一般都要把见面安排在什么时候？

解析

按照《村民委员会组织法》第15条第1款的规定，村民选举委员会应当组织正式候选人与村民见面，由候选人介绍治村设想或竞职承诺，回答村民提出的问题。向村民介绍候选人时，可以采取口头、新闻媒体、书面等形式，候选人的演讲形式可以是召开单独的竞选演讲会，也可以组织候选人在各村民小组巡回演讲。

《关于加强和改进村民委员会选举工作的通知》中要求，候选人在介绍治村设想或竞职承诺时，不得有与宪法、法律、法规和国家政策相抵触的内容，不得有侵犯其他村民人身权利、民主权利和合法财产权利的内容，不得有对竞争对手进行人身攻击的内容。

《村民委员会选举规程》第5章第2条规定：“选举竞争活动一般在选举日前进行。候选人在选举日可进行竞职陈述，其他选举竞争活动不宜在当日开展。确有需要的，由村民选举委员会决定并统一组织。”结合各地实践，候选人与村民的见面可以安排在正式选举之前，也可以安排在选举日当天。不过，有些地区明确规定在选举日当天不宜搞竞选演讲活动。

▶ 12. 如何选举村民委员会主任、副主任

案例

某村的王某想直接竞选村民委员会主任，可是又担心村民把他当作一个普通的村民委员会委员来看待，于是他就拉着另一个想竞选村民委员会副主任的候选人一起向村民选举委员会提出，能不能在尊重村民选举权的基础上，尽快确定主任和副主任的候选人。那么，该如何选举村民

委员会主任、副主任呢？

解析

《村民委员会组织法》第11条第1款规定："村民委员会主任、副主任和委员，由村民直接选举产生。任何组织或者个人不得指定、委派或者撤换村民委员会成员。"各地对此都有明确规定，在选民正式投票时，可以一次投票直接选举出主任、副主任和委员；也可以先选举出村民委员会成员，再投票从中选举出主任、副主任，即按照得票多少的顺序分别确定主任、副主任。

以上两种形式都符合直选原则，具体采用何种形式，村民选举委员会可以根据本村的实际情况确定。举行选举时，一般应召开选举大会集中投票，并当场（或者在选举日之前提前）推选唱票人、计票人和监票人，选举工作人员不得由候选人及其近亲属担任。

▶ 13. 选民的投票方式有哪些

案例

小张所在的村正在进行村民委员会选举，作为选民，小张非常珍惜这次宝贵的投票机会，在正式投票画圈时一直犹豫不决、反复琢磨。但等他好不容易下定决心填好选票扔进投票箱以后，小张马上就后悔了，他跟工作人员说自己好像填错了，可不可以再重新填一次。村民选举委员会工作人员明确拒绝了小张的要求。这是为什么呢？

解析

《村民委员会组织法》第15条第3款规定："选举实行无记名投票、公开计票的方法，选举结果应当当场公布。选举时，应当设立秘密写票处。"

《村民委员会选举规程》第6章"投票选举"第1条详细规定了投票方式,即村民委员会投票选举,可采取以下两种方式:

(1)召开选举大会;

(2)设立投票站。

采取选举大会方式的,可以组织全体登记参加选举的村民集中统一投票;也可以设立中心选举会场,辅之以分会场分别投票。采取投票站方式的,不再召开选举大会,村民在投票站选举日开放时间内自由投票。

选举大会可以设置流动票箱,但应当严格控制流动票箱的使用。

具体投票方式,流动票箱的使用对象和行走路线,由村民代表会议讨论决定。

另外,还需要注意:

第一,每一选民在一次选举中只有一次投票权;

第二,选民对候选人可以投赞成票,可以投反对票,可以另选其他人,也可以弃权,任何人不得干预。

▶ 14. 怎么进行委托投票

案例

村民委员会选举期间小陈在外地打工赶不回来,村干部李某给他打电话,问他对选举有什么看法,表示可以代他投票,小陈欣然同意。晚上和妻子通电话的时候,小陈说起了这件事。小陈的妻子第二天到村民选举委员会问了问,村民选举委员会工作人员说现在村里选举竞争很激烈,最好还是委托配偶投票,李某是上一届村民委员会委员而且这届也要参选,李某应该避嫌。小陈听到妻子转述的话以后,赶紧又向其他村民打听委托投票的流程,最终他决定不再委托李某投票。小陈应该怎么委托投票呢?

解析

村民委员会选举,有选举权的村民原则上应当亲自参加投票。《村民委员会组织法》第15条第4款规定:"登记参加选举的村民,选举期间外出不能参加投票的,可以书面委托本村有选举权的近亲属代为投票。村民选举委员会应当公布委托人和受委托人的名单。"每一位村民都应该珍惜自己的选举权。本案中的小陈应先跟村民选举委员会沟通代为投票事宜,并按照规定办理委托手续。当然,如果他想选举李某为村民委员会成员,也应该由其妻子代为投票,而不是李某本人。

结合《村民委员会选举规程》第6章第3条的规定,委托他人代为投票的,应当注意以下事项:

第一,外出的有选举权的村民本人应填写委托书或者村民委托投票证,写清受委托本村近亲属(配偶、父母、子女、兄弟姐妹、祖父母、外祖父母、孙子女、外孙子女)选民的姓名、与本人的关系和委托理由,经村民选举委员会批准后,委托生效,否则不得委托他人投票。受委托人不得再委托他人。

第二,一般情况下,每一选民接受的委托不得超过3人。也就是说,小陈的妻子除了可代理丈夫投票,最多还可以再接受两个人的委托。

第三,提名为村民委员会候选人的,不得接受委托。

第四,村民选举委员会应当公布委托人和受委托人的名单。

▶ 15. 举行另行选举,应该注意哪些事项

案例

在某村正式选举投票之前,村民选举委员会主任任某带着成员反复确认选民的人数,因为他知道如果参加投票的选民没有过半,那么选举就会无效。选举当天,在选民投完票以后,经统计选票超过了登记选民数的一半,选举是有效的;但是,只有2名候选人获得参加投票村民的过半数

选票。这让任某有些着急,他和村民选举委员会成员赶紧商议下一轮选举的方案,最终决定于第二日再另行组织选举。举行另行选举,应该注意哪些事项?

解析

根据《村民委员会组织法》第15条第2款的规定,选举村民委员会,有登记参加选举的村民过半数投票,选举有效;候选人获得参加投票的村民过半数的选票,始得当选。同时,投票多于发出选票的选举无效,等于或少于的选举有效。

当选人数不足应选名额的,不足的名额另行选举;如遇票数相等不能确定当选人时,应当在当日或者次日对得票数相等的候选人、竞选人或者另选人再次投票,以得票多的当选。

根据《村民委员会选举规程》第6章第11条的规定,对于需要进行另行选举的,应当注意以下事项:

第一,另行选举的,可以在选举日当日举行,也可以在选举日后10日内进行,具体时间由村民选举委员会确定。

第二,另行选举的,第一次投票未当选的人员得票多的为候选人,候选人以得票多的当选,但是所得票数不得少于已投选票总数的1/3。

第三,另行选举的程序与第一次选举相同。参加选举的村民以第一次登记的名单为准,不重新进行选民登记。原委托关系继续有效,但被委托人成为候选人的委托关系自行终止,原委托人可以重新办理委托手续。

第四,经另行选举,应选职位仍未选足,但村民委员会成员已选足三人的,不足职位可以空缺。主任未选出的,由副主任主持工作;主任、副主任都未选出的,由村民代表会议在当选的委员中推选一人主持工作。

第五,选举结果经村民选举委员会确认后,于投票选举当日或次日以公告形式张榜公布。

▶ 16. 哪些情形会导致选举无效

案例

某村举行村民委员会换届选举，然而，令村民选举委员会头疼的是，村里的年轻人大都在外打工，需要一一联系确认登记以及投票事宜。虽然在电话里很多人都表示会积极登记和投票，或者委托家里人投票，但是，在选举日收回选票后，发现选票并没有超过登记参加选举的村民的半数，事后，该次选举因此被认定为无效。有哪些情形会导致选举无效呢？

解析

根据《村民委员会组织法》第 15 条第 2 款的规定，选举村民委员会，有登记参加选举的村民过半数投票，选举有效。该村正是由于登记参加选举的村民没有过半数投票，而导致选举无效。

除了上述情况，根据《村民委员会选举规程》第 6 章第 8 条的规定，具有以下情形之一的，也会导致选举无效：

(1)村民选举委员会未按照法定程序产生的；(2)候选人的产生不符合法律规定的；(3)参加投票的村民人数未过登记参加选举的村民半数的；(4)违反差额选举原则，采取等额选举的；(5)收回的选票多于发出选票的；(6)没有公开唱票、计票的；(7)没有当场公布选举结果的；(8)其他违反法律、法规有关选举程序规定的。

此外，以暴力、威胁、欺骗、贿赂、伪造选票、虚报选举票数等不正当手段当选的，选举无效。

因村民选举委员会未按照法定程序产生而造成选举无效的，乡级村民委员会选举指导机构应当指导组织重新选举。因其他原因认定选举无效的，由村民选举委员会重新组织选举，时间由村民代表会议确定。

▶ 17. 选举产生的村民委员会成员中可以没有妇女委员吗

案例

在今年举行的村民委员会换届选举中,候选人中只有一名妇女王某,而王某在选举中又落选了,没有获得过半数选票。村民选举委员会主任要求单独拿出一个村民委员会委员的名额,选举妇女委员,但其他人则认为没有必要,妇女能做的工作男人也能做,为啥一定要有妇女委员呢?

解析

《村民委员会组织法》第6条第2款中明确规定,“村民委员会成员中,应当有妇女成员”。因此,选举产生的村民委员会成员中没有妇女是违法的。

根据《村民委员会选举规程》第6章第9条第2款的规定,村民委员会主任、副主任的当选人中没有妇女,但委员的候选人中有妇女获得过半数选票的,应当首先确定得票最多的妇女当选委员,其他当选人按照得票多少的顺序确定;如果委员的候选人中没有妇女获得过半数选票的,应当从应选名额中确定一个名额另行选举妇女委员,直到选出为止,其他当选人按照得票多少的顺序确定。

▶ 18. 村民委员会成员可以享受哪些补贴

案例

老张多年来担任村民委员会主任,他为了搞好村里的工作,一直没有出去打工或者从事其他副业,深得村民信任。现在,随着年龄越来越大,他的身体每况愈下,唯一的儿子又因在工地受伤而落下残疾,家里的经济状况捉襟见肘。于是,有人提出为老张申请补贴。那么,他可以享受哪些补贴呢?

解析

村民委员会干部长期在农村基层一线辛勤操劳，为农村的发展和繁荣作出了积极贡献。在部分农村，特别是老、少、边、穷地区的部分村干部因各种原因而生活比较困难。为此，《村民委员会组织法》第6条第3款专门规定："对村民委员会成员，根据工作情况，给予适当补贴。"享受补贴的人员及具体的补贴标准，根据《村民委员会组织法》第24条第1款第1项规定，由村民会议讨论决定。财政部、民政部等下发的《关于妥善解决离任村干部生活困难问题的通知》（组通字〔1992〕15号）中也规定，对村民委员会成员经济困难的，应本着"积极稳妥、因地制宜、统筹兼顾、区别对待"的原则，采取发放生活困难补贴等方式予以解决。补贴的对象与范围、补贴标准和任职时长给予补贴等，由各省、区、市根据本地实际情况自行确定。其补贴资金的筹集，可采取乡镇企业补一点、村级集体经济出一点、地方财政拨一点的办法解决，或由各地根据本地的实际情况采取其他办法解决。

对于即将离任的村干部，如果他们身体尚好、有一定劳动能力，可照顾他们在村里做些力所能及的工作，或者帮助他们发展家庭副业，鼓励他们通过自身努力增加经济收入，克服生活困难；对那些完全丧失生活能力的，应给予特殊照顾。对在职时有突出贡献的离任村干部，可授予荣誉称号，颁发荣誉证书，增强他们的荣誉感。在一些重大节日里，乡镇党委和政府要组织慰问离任村干部，认真听取他们的意见，帮助他们排忧解难。

需要注意的是，根据《村民委员会组织法》第33条第1款的规定，村民委员会成员以及由村民或者村集体承担误工补贴的聘用人员，应当接受村民会议或者村民代表会议对其履行职责情况的民主评议。民主评议每年至少进行一次，由村务监督机构主持。

▶ 19. 如何罢免村“两委”成员

案例

王某已经连续担任两届村民委员会主任了,他为村里作了很多贡献,但是也渐渐有村民反映他独断专行、袒护本家族的人,甚至有人希望能罢免他。那么,如何罢免村“两委”成员呢?

解析

(1)关于罢免村民委员会成员

《村民委员会组织法》第11条第2款规定:“村民委员会每届任期五年,届满应当及时举行换届选举。村民委员会成员可以连选连任。”除了正常的换届外,《村民委员会组织法》第16条第1款规定,本村1/5以上有选举权的村民或者1/3以上的村民代表联名,可以提出罢免村民委员会成员的要求,并说明要求罢免的理由。被提出罢免的村民委员会成员有权提出申辩意见。

对不称职的村民委员会成员,要按照法律法规的规定,依法进行罢免;任何组织或者个人不得直接撤换村民委员会成员,不得以“停职诫勉”“离岗教育”等方式变相撤换村民委员会成员。

《村民委员会组织法》第16条第2款规定,罢免村民委员会成员,须有登记参加选举的村民过半数投票,并须经投票的村民过半数通过。

需要注意的是,根据《村民委员会组织法》第18条、第19条的规定,村民委员会成员丧失行为能力或者被判处刑罚的,其职务自行终止。如果村民委员会成员出缺,可以由村民会议或者村民代表会议进行补选。补选的村民委员会成员的任期到本届村民委员会任期届满时止。

(2)关于罢免村党支部成员

根据《中国共产党党员权利保障条例》(2020年11月修订)第11

条、第 12 条的规定，如果对村党支部领导班子成员的工作不满，本村党员有权在党的会议上以口头或者书面方式有根据地批评党的任何组织和任何党员。

农村党员有权向党组织负责地揭发、检举党的任何组织和任何党员的违法违纪事实，提出处理、处分有违法违纪行为党组织和党员的要求。

党员有党内提出罢免撤换要求权，有权向所在党组织或者上级党组织反映领导干部不称职的情况，负责地提出罢免或者撤换不称职领导干部职务的要求。

当然，党员在进行批评、揭发、检举以及提出处理、处分要求，应当通过组织渠道，不得随意扩散传播、网络散布，不得夸大和歪曲事实，更不得捏造事实、诬告陷害，否则将要承担相应的责任。

党员提出罢免、撤换要求应当严肃负责，按照组织原则，符合有关程序。

▶ 20. 村民委员会选举中的哪些行为构成贿选

案例

为了将王某推选为村民委员会主任，王某族中的几位长辈暗地里联系一些人拉票，他们还到县城请一些有威望的村民喝酒吃饭，事后还给每人送了 200 元钱的购物卡。这些村民承诺一定会在正式投票时选王某，并且尽可能地带动更多人选他。王某虽然没有直接露面，但他默许了长辈们的这些行为，他觉得反正自己没有出面就应该不算违规。那么，这一行为可以被认定为贿选吗？

解析

我国禁止在村级组织选举中拉票贿选、破坏选举，《农村基层干部廉洁履行职责若干规定(试行)》第 4 条明确规定不准有以下行为:(1)违反法定程序组织、参与选举,或者伪造选票、虚报选举票数、篡改选举结果;(2)采取暴力、威胁、欺骗、贿赂等不正当手段参选或者妨害村民依法行使选举权、被选举权;(3)利用宗教、宗族、家族势力或者黑恶势力干扰、操纵、破坏选举。

《村民委员会组织法》第 17 条第 1 款规定:“以暴力、威胁、欺骗、贿赂、伪造选票、虚报选举票数等不正当手段当选村民委员会成员的,当选无效。”

在实践中,出现最多的就是贿选问题。贿选的情形通常有以下几种:

第一,本人或指使他人向选民赠送现金、实物包括购物券、电话充值卡等各种有价证券进行拉票的;

第二,本人或指使他人以交保证金形式,承诺当选后分发选民进行拉票的;

第三,本人或指使他人以组织选民参会或其他借口,向选民提供误工补助、有价证券的;

第四,为外出选民支付往返机票等交通费用进行拉票的;

第五,承诺免除选民债务进行拉票的;

第六,向选民作出违反法律法规或上级政策的承诺,在违规建房、违法超生等方面帮助打掩护进行拉票的;

第七,无正当理由对 3 名以上选民进行宴请进行拉票的;

第八,为选民提供旅游、娱乐等消费进行拉票的;

第九,以承诺捐助公益事业,但根本无意或无法兑现而作虚假承诺进行拉票的;

第十,以贿赂等不正当手段诱使或收买选举工作人员在选举工作中进行舞弊活动的;

第十一,他人采取贿赂等不正当手段为某竞选人进行拉票的;

第十二,以其他不正当手段进行拉票的。

本案中的王某虽然没有直接参与请客送礼等，但是他对本族人的行为是默许支持的，因此该行为仍然被认定为贿选。

▶ 21. 村党支部委员可以参加村民委员会选举吗

案例

李某是村党支部副书记，他想参加村民委员会选举。可是他的本家大哥却跟他说：村党支部是领导村民委员会的，你怎么能参加村民委员会的选举呢？万一你真当选村民委员会主任，到底谁领导谁呀？那么，村党支部委员可以参加村民委员会选举吗？

解析

村党支部成员不仅能够参选村民委员会，而且相关规定还提倡村党组织成员和村民委员会成员交叉任职。

中共中央办公厅、国务院办公厅《关于进一步做好村民委员会换届选举工作的通知》的规定中，提倡把村党支部领导班子成员按照规定程序推选为村民委员会成员候选人，通过选举兼任村民委员会成员，党员也可以通过法定程序当选村民小组长、村民代表。

为了客观、全面考察拟推荐的村党支部书记人选，提倡该人先参加村民委员会的选举，获得群众承认以后，再推荐为党支部书记人选；如果选不上村民委员会主任，就不再推荐为党支部书记人选。

同时，提倡村民委员会中的党员成员通过党内选举，兼任村党支部委员成员。为了充分发挥党员的带头模范作用，在实际工作中，要注重在优秀村民委员会成员和村民小组长、村民代表中吸收发展党员，不断为农村基层党组织注入新生力量。

22. 如何对待破坏村民委员会选举的行为

案例

村民王某等人看到竞争对手请村民吃饭、送购物卡的情形后,非常生气,觉得这是与民主选举公然对抗,于是,他们联名写了一封举报信寄到县政府。那么,县政府该如何对待破坏村民委员会选举的行为呢?

解析

根据《村民委员会组织法》第17条第2款和中共中央办公厅、国务院办公厅《关于进一步做好村民委员会换届选举工作的通知》的规定,对以暴力、威胁、欺骗、贿赂、伪造选票、虚报选举票数等不正当手段,妨害村民行使选举权、被选举权,以及对控告、检举选举违法行为的人进行压制、迫害的,村民有权向乡、民族乡、镇的人民代表大会和人民政府或者县级人民代表大会常务委员会和人民政府及其有关主管部门举报,由乡级或者县级人民政府负责调查并依法处理。要根据情节轻重分别给予查处:情节较轻的,由乡(镇)人民政府或县(市、区)民政部门进行批评教育;构成违反治安管理行为的,由公安机关依法处理;构成犯罪的,由司法机关依法追究刑事责任。

根据《治安管理处罚法》第23条的规定,破坏依法进行的选举秩序的,处警告或者200元以下罚款;情节较重的,处5日以上10日以下拘留,可以并处500元以下罚款。如果是聚众破坏选举秩序的,对首要分子处10日以上15日以下拘留,可以并处1000元以下罚款。

村民选举委员会成员在村民委员会选举中有违法违纪行为的,要及时终止其资格。对伪造选举文件、篡改选举结果或者以威胁、贿赂、欺骗、怂恿或诱使他人投票等手段妨害村民依法行使选举权、被选举权的农村党员干部,根据《中国共产党纪律处分条例》(2018年8月修订,以下简称

《纪律处分条例》)第 75 条的规定,要给予警告或严重警告处分;情节较重的,给予撤销党内职务或者留党察看处分;情节严重的,给予开除党籍处分。对假借选举之名,打着宗教旗号从事非法活动、民族分裂活动和刑事犯罪活动的,要坚决依法予以打击。

▶ 23. 换届选举结束后,原村民委员会不交接工作怎么办

案例

在某村选举中,原村民委员会成员大部分都落选,他们由此产生了很大的心理落差。于是,原村民委员会成员找各种借口躲避交接。他们仍然把持着村里的公章和账目等资料,使新一届村民委员会班子很难正常开展工作。这让新上任的村民委员会主任等人非常恼火。遇到这种不交接工作的情形,该怎么办呢?

解析

《村民委员会组织法》第 20 条规定,村民委员会应当自新一届村民委员会产生之日起 10 日内完成工作移交,工作移交由村民选举委员会主持,由乡、民族乡、镇的人民政府监督。中共中央办公厅、国务院办公厅《关于健全和完善村务公开和民主管理制度的意见》(中办发〔2004〕17 号)第 4 条第 2 项也明确要求,村民委员会换届工作结束后,原村民委员会应当将公章、办公场所、办公用具、集体财务账目、固定资产、工作档案、债权债务及其他遗留问题等,及时移交给新一届村民委员会。

《国务院办公厅转发民政部　公安部关于规范村民委员会印章制发使用和管理工作的意见》(国办发〔2001〕52 号)中规定,村民委员会印章的制发机关为乡镇人民政府。村民委员会换届选举后的印章移交工作由乡、县级人民政府民政部门进行监督,换届选举工作结束后,上一届村民委员会应在 10 天内向本届村民委员会移交印章。拒不移交村民委员会

印章的,由制发机关负责追缴,并追究责任。

工作移交由村民选举委员会主持,由乡、民族乡、镇的人民政府监督。对拒绝移交或无故拖延移交的,村党组织、乡级党委和政府应给予批评教育,督促其加以改正。移交过程中发现有重大问题的,村干部和村民可以向乡级人民政府或者纪检监察机关、人民法院、人民检察院等有关机关反映,村民委员会也可依法向司法机关提起诉讼,受理单位应及时依法处理。

24. 村民委员会须接受哪些经济责任审计

案例

某村原村民委员会在任期间,就有村民提出村民委员会的工作做得不尽如人意,应该对他们进行经济责任审计。但是,由于没有达到法律规定的人数,经济责任审计工作就没有启动。那么,如何启动对村民委员会的经济责任审计程序呢?有财务审批权以及参与村级经济活动决策的村民委员会成员,应该接受哪些经济责任审计呢?

解析

《村民委员会组织法》第35条第1款明确规定:“村民委员会成员实行任期和离任经济责任审计。”关于经济责任审计,根据民政部、中央纪委、中组部等十二部委《关于进一步加强村级民主监督工作的意见》(民发〔2012〕162号)第4条,以及原农业部、原监察部、国务院纠风办《关于做好村干部任期和离任经济责任专项审计的通知》(农经办〔2005〕12号)的内容,要注意以下几个方面:

(1)经济责任审计的对象、内容和主体

①行使村集体及村民委员会财务审批权的人员,参与村级经济活动决策的村民委员会成员,都要接受任期和离任经济责任审计。当年进行

村民委员会选举的村，应当在选举前对村民委员会成员进行离任经济责任审计。

②集体资产的管理使用、财务预决算、财务收支、生产经营和建设项目的发包管理、集体的债权债务、政府划拨或接受社会捐赠的款物使用等，应当纳入经济责任审计的范围。根据《村民委员会组织法》第35条的规定，审计事项包括：本村财务收支情况；本村债权债务情况；政府拨付和接受社会捐赠的资金、物资管理使用情况；本村生产经营和建设项目的发包管理以及公益事业建设项目招标投标情况；本村资金管理使用以及本村集体资产、资源的承包、租赁、担保、出让情况，以及征地补偿费的使用、分配情况；本村1/5以上的村民要求审计的其他事项。审计重点有：农村经济责任目标完成情况、财经法纪执行情况以及农民群众关注的热点问题等。

③村民对村集体经济管理、处置有异议的，也可以由本村1/5以上的村民提出审计，由村民会议、村民代表会议决定委托专业审计机构实施。任期经济责任审计，由村民会议或者村民代表会议根据本村集体经济活动和集体财务往来的实际情况讨论决定。

④经济责任审计，由县级人民政府农业部门、财政部门或者乡级人民政府负责组织实施。实行村级会计委托代理的地方，根据实际情况，由县级人民政府决定可以对乡镇代理服务中心进行审计。

（2）关于经济责任审计的程序

①审计机构应当召开主要审计工作人员，村党组织、村民委员会和村务监督机构成员代表参加的会议，安排审计工作的有关事项，并向全体村民公布审计方案。

②本村1/5以上的村民要求进行经济责任审计的，应当及时安排审计，并由提出要求的村民推选出的代表参加。经济责任审计过程中，要广泛听取村民意见，吸纳村务监督机构成员、村民代表等参与。

③离任经济责任审计结果应当在登记参加下一届村民委员会选举的

村民名单公布10日前公布。因辞职、罢免、职务终止等原因任期未满离任的,审计结果在离任后1个月内公布。

④村民对审计结果有异议的,应当通过村务监督机构要求审计单位作出解释说明。经济责任审计的报告和结果应当报送乡镇党委、政府备案。

(3)关于审计责任追究

①审计工作结束时,审计机构应当出具书面审计报告,全面、客观确定经济审计责任,提出健全和完善工作制度的意见和建议。对审计对象存在违反有关法律法规行为,应当给予处理处罚的,由审计机关在法定职权范围内作出审计决定。对审计机构提出的意见和建议,要提请村民会议或者村民代表会议研究改进措施。

②依据审计决定,在审计中查出侵占集体资产和资金、多吃多占、铺张浪费的,要责令其如数退赔;涉及国家工作人员及村干部违法违纪,需要给予党纪政纪处分的,移交纪检监察机关处理;构成犯罪的,移交司法机关依法追究当事人的法律责任。

③农村集体经济组织、村民小组、农(畜)产品行业协会和农民专业合作组织所有的资产,也要实行财务公开,加强管理与监督。

④因任期届满、罢免、职务终止等原因离任的村民委员会成员,未经审计,不得解除任职期间的经济责任。

值得强调的是,《村民委员会组织法》第35条第2款规定,村民委员会成员的任期和离任经济责任审计,由县级人民政府农业部门、财政部门或者乡、民族乡、镇的人民政府负责组织,审计结果应当公布,其中离任经济责任审计结果应当在下一届村民委员会选举之前公布。

二、村务公开和民主管理

▶ 1. 村里的事务由谁来决定，村民委员会有决定权吗

案例

村民委员会是基层群众性自治组织，是由村民民主选举出来的，那么，村里的大事小情是不是都可以由村民委员会决定？村民对村里的事情有决定权吗？

解析

村民委员会是由村民民主选举出来的，是村民实现自我管理、自我教育、自我服务的基层群众性组织，负责执行村民的集体决议和决定，但对于村内事务，特别是重大事务，村民委员会是无权自行决断的，需要由村民通过民主形式进行决策。

中共中央办公厅、国务院办公厅《关于健全和完善村务公开和民主管理制度的意见》第3部分第2条规定了村级民主决策的形式：

村级民主决策的基本组织形式是村民会议和村民代表会议。实现村民的自主管理、民主决策，就要完善村民会议和村民代表会议议事规则，建立健全村民代表联系户制度，确保村民代表真正代表民意。

召开村民会议，应当有本村18周岁以上村民的过半数参加，或者有本村2/3以上的户的代表参加，所作决定应当经到会人员的过半数通过。涉及农村土地承包、调整等重大事项，应依照《农村土地承包法》等相关法律法规进行民主决策。

村民代表会议讨论决定村民会议授权的事项。村民代表由村民依法推选产生,妇女代表要占一定比例。

《关于进一步加强村级民主监督工作的意见》(民发〔2012〕162 号)第 5 部分第 5 条规定,为了更好地进行民主决策,要在实践中加强村民会议、村民代表会议建设,制定各项管理规范和工作制度,提高村民特别是村民代表的民主素质和议事能力,引导村民理性表达诉求。

村党组织和村民委员会应当结合贯彻执行《农村基层干部廉洁履行职责若干规定(试行)》第 14 条的规定,健全党组织领导的村级民主自治机制。对村级重大事务实行村党组织提议、村党组织和村民委员会商议、党员大会审议、村民会议或者村民代表会议决议,决议内容和实施结果应当公开。

▶ 2. 村级民主决策一般按哪些程序进行

案例

为了给村民提供更多参与村内事务管理的机会,涉及村民利益的事项均要经过民主决策程序。在决策过程中要充分听取村民的意见,并由村党组织和村民委员会负责组织实施。那么,在现实中要按哪些程序进行?

解析

根据中共中央办公厅、国务院办公厅《关于健全和完善村务公开和民主管理制度的意见》第 3 部分第 3 条的规定,涉及村民利益的事项,原则上要遵循以下决策程序:

第一,由村党组织、村民委员会、村集体经济组织、1/10 以上村民联名或 1/5 以上村民代表联名提出议案;

第二,由村党组织统一受理议案,并召集村党组织和村民委员会联席会议,研究提出具体意见或建议;

第三，由村民委员会召集村民会议或村民代表会议讨论决定；由村党组织、村民委员会组织实施村民民主决策事项的办理。

对提交村民会议或村民代表会议讨论决定的事项，会前要向村民或村民代表公告，广泛征求意见；会后要及时公布表决结果；对决定事项的实施情况，要及时公布，自觉接受群众监督。涉及村民利益的重大事项，必须按照决策程序提请村民会议或村民代表会议讨论决定。

3. 如何召开村民会议

案例

在实际村务管理过程中，什么是村里的最高机构呢？很多村民都知道，村民会议是决定各项事务的最高机构。但是，村主任李某则认为应该赋予村民委员会对村内重大事务的最终决定权，他认为：如果一遇到重大事务就要召开村民会议，那么村民委员会根本就没有办法开展工作了。李某的这一看法显然不对，村民委员会作为基层群众性自治组织，应该充分尊重村民的意愿，否则基层民主工作将受到重大影响。那么应如何召开村民会议呢？

解析

根据《村民委员会组织法》第 21 条的规定，村民会议由本村 18 周岁以上的村民组成。村民会议由村民委员会召集。有 1/10 以上的村民或者 1/3 以上的村民代表提议，应当召集村民会议。召集村民会议，应当提前 10 天通知村民。

该法第 22 条规定："召开村民会议，应当有本村十八周岁以上村民的过半数，或者本村三分之二以上的户的代表参加，村民会议所作决定应当经到会人员的过半数通过。法律对召开村民会议及作出决定另有规定的，依照其规定。召开村民会议，根据需要可以邀请驻本村的企业、事业单位和群众组织派代表列席。”

由此可见,村民会议是村民实现直接民主的基本形式,年满18周岁的村民都可以参加。但是,在提议召开会议、实际召开会议以及讨论通过重大事务决定时都必须符合相应的人数及其比例规定:提议召开村民会议的人员可以是1/10以上的村民或者1/3以上的村民代表,会议召开时必须有本村超过半数的18周岁以上村民或者本村2/3以上的户的代表参加,讨论决定时必须经到会人员的过半数通过方能执行。请在实际工作中注意人数比例的要求。

4. 哪些事情须经村民会议讨论决定

案例

某村新一轮的土地承包又要开始了。村里的耕地应该怎么分、谁家能分到哪块地、哪些村民的地应该收回……关于土地承包的一系列问题成为各家各户议论的焦点。因为关系村民们的切身利益,谁都不敢掉以轻心。为此,村干部张某一直都跟村民委员会干部和村民代表们保持密切联系。他们在大量调研的基础上拿出了好几套方案。现在,就要组织召开村民会议讨论这些方案了。那么,除了土地承包这类重大事项外,还有哪些事项是必须经村民会议讨论决定的?

解析

《村民委员会组织法》第24条规定,对于涉及村民利益的下列重要事项,须经村民会议讨论决定方可办理:

(1)本村享受误工补贴的人员及补贴标准;

(2)从村集体经济所得收益的使用;

(3)本村公益事业的兴办和筹资筹劳方案及建设承包方案;

(4)土地承包经营方案;

(5)村集体经济项目的立项、承包方案；

(6)宅基地的使用方案；

(7)征地补偿费的使用、分配方案；

(8)以借贷、租赁或者其他方式处分村集体财产；

(9)村民会议认为应当由村民会议讨论决定的涉及村民利益的其他事项。

以上事项，村民会议可以授权村民代表会议讨论决定。

法律对讨论决定村集体经济组织财产和成员权益的事项另有规定的，依照其规定。

除了对直接涉及村民利益的重大事项有讨论决定权外，作为村集体经济组织内的最大权力机构，村民会议还有权评价村民委员会的工作和决定。根据《村民委员会组织法》第23条的规定，村民会议有权审议村民委员会的年度工作报告，评议村民委员会成员的工作；有权撤销或者变更村民委员会不适当的决定；有权撤销或者变更村民代表会议不适当的决定。同时，村民会议可以授权村民代表会议审议村民委员会的年度工作报告，评议村民委员会成员的工作，撤销或者变更村民委员会不适当的决定。

此外，根据中共中央办公厅、国务院办公厅《关于健全和完善村务公开和民主管理制度的意见》第3部分第1条的规定，村民委员会的设立、撤并、范围调整，由乡级人民政府提出意见后，必须经村民会议讨论同意，并报县级人民政府批准。

村民会议可以制定和修改村规民约，但应当符合法律规定。《村民委员会组织法》第27条规定："村民会议可以制定和修改村民自治章程、村规民约，并报乡、民族乡、镇的人民政府备案。村民自治章程、村规民约以及村民会议或者村民代表会议的决定不得与宪法、法律、法规和国家的政策相抵触，不得有侵犯村民的人身权利、民主权利和合法财产权利的内容。村民自治章程、村规民约以及村民会议或者村民代表会议的决定违反前款规定的，由乡、民族乡、镇的人民政府责令改正。"

▶ 5. 村民代表会议由哪些人组成

案例

某村是一个大村,村内有3000多人,很多年轻人还常年外出务工。但凡遇到需要全村讨论决定的事项,村民委员会组织召开村民会议就成了一个大问题,因为总凑不够一半人数,会议就很难开起来。后来,为了能够顺利讨论村内事务,村民代表会议就应运而生。那么,村民代表会议由哪些人组成呢?

解析

《村民委员会组织法》第25条规定了村民代表会议的组成和推选:

对于人数较多或者居住分散的村,可以设立村民代表会议,讨论决定村民会议授权的事项。村民代表会议由村民委员会成员和村民代表组成,村民代表应当占村民代表会议组成人员的4/5以上,妇女村民代表应当占村民代表会议组成人员的1/3以上。

村民代表由村民按每5户至15户推选一人,或者由各村民小组推选若干人。村民代表的任期与村民委员会的任期相同,村民代表可以连选连任。

村民代表应当向其推选户或者村民小组负责,接受村民监督。

▶ 6. 村民代表会议可以决定哪些事情

案例

大多数村民代表思想政治觉悟高、办事热心公道、参议事务能力强,在村民中有一定威望。加之村民代表会议的规模小于村民会议,易于组织,因此,很多地区的村民代表会议都能发挥一定的自治作用。那么,村民代表会议可以决定哪些事情呢?是不是村民会议可以决定的所有事情,村民代表会议也都可以代表呢?

解析

村民代表是村民推选的,不是乡镇政府或者哪一个机构、哪一个人指定的,因此具有一定的民主性,在一定程度上可以代表村民的意见。正因如此,《村民委员会组织法》第 24 条规定村民代表会议在村民会议的授权下,可以讨论决定涉及村民利益的事项,如本村公益事业的兴办和筹资筹劳方案及建设承包方案,土地承包经营方案,村集体经济项目的立项、承包方案,宅基地的使用方案,等等。此外,根据该法第 23 条的规定,村民代表会议在村民会议的授权下,还可以审议村民委员会的年度工作报告、评议村民委员会成员的工作,撤销或者变更村民委员会不适当的决定。

从实践来看,有些村每季召开一次村民代表会议(也有一个月召开一次的),遇有特殊情况随时召开。如果有 1/5 以上的村民代表提议,也应当召集村民代表会议。村民代表会议有 2/3 以上的组成人员参加方可召开,所作决定应当经到会人员的过半数同意。

在村民会议闭会期间,经村民会议授权,村民代表会议可以对村内重大事务作出决策。在村民代表会议上,村民代表不仅可以对村务提出自己的见解,表达自己的意愿,对村民委员会工作进行监督,行使自己的表决权力,而且可以将作出的决策交村民委员会去执行,最终实现当家做主,达到自我管理、自我教育、自我服务的目的。

▶ 7. 未经村民会议或者村民代表会议讨论决定,村民委员会对村内事务自作主张的,会受到什么处罚

案例

经村民会议或村民代表会议决定的事情,由村党组织和村民委员会

负责组织实施。可是,村干部林某认为,大多数村民只知道埋头干自己的事情,对国家法律和政策了解得不多,如果硬要让他们对村里的重大事务发表看法难免会有些浅薄,甚至有可能作出错误的决定,因此,他对村民会议和村民代表会议有些抵触情绪。乡镇干部了解到林某的思想状态以后,对林某做了很多工作,让他对村民的判断能力树立信心,遇到村民不了解、不知道的事情要多宣传、多沟通,而不是一味地批评指责。过了一段时间,林某的态度慢慢发生了转变。如果村民委员会未经村民会议或者村民代表会议讨论而擅自决定,那么需要承担什么责任呢?

解析

村民会议或村民代表会议讨论决定的事项,要形成书面记录并妥善保存。

根据中共中央办公厅、国务院办公厅《关于健全和完善村务公开和民主管理制度的意见》第3部分第4条的规定,除发生自然灾害等紧急情况外,村民会议或村民代表会议依法形成的决议不得随意更改,如因情况发生变化确需更改的,要通过村民会议或村民代表会议讨论决定。

未经村民会议或村民代表会议讨论决定,任何组织或个人擅自以集体名义借贷,变更与处置村集体的土地、企业、设备、设施等的,均为无效,村民有权拒绝,造成的损失由责任人承担,构成违纪的给予党纪政纪处分,涉嫌犯罪的移交司法机关依法处理。

8. 什么是村民小组会议

案例

某村下设9个村民小组,每个村民小组都有自己的承包地和自留地。第九小组有一块地要被村里征用修路,小组长决定召集村民小组会议,共同讨论一下如何分配补偿款及调剂剩下的地块,以让本小组村民得到尽可能多的实惠。那么，什么是村民小组会议呢？

解析

村民小组是在村民委员会下设立的小组，直接管辖的对象为农户和村民。村民小组不是经济组织，更不是行政组织，不具备法人资格。村民小组可以分别由几户、十几户或几十户组成，村民小组的行政负责人称为“村民小组组长”，由当地村民兼职，通过村民小组会议推选产生。村民小组会议应由本组全体村民参加。

根据《村民委员会组织法》第 28 条第 1 款的规定，召开村民小组会议，应当有本村民小组 18 周岁以上的村民 2/3 以上，或者本村民小组 2/3 以上的户的代表参加，所作决定应当经到会人员的过半数同意。

村民小组组长由村民小组会议推选。村民小组组长任期与村民委员会的任期相同，可以连选连任。村民小组组长的主要工作职责有：一是收集并向村民委员会反映本组村民的建议、意见；二是向本组村民传达村民委员会作出的有关决定；三是协助村民委员会办理本村的公共事务和公益事业。

属于村民小组的集体所有的土地、企业和其他财产的经营管理以及公益事项的办理，由村民小组会议依照有关法律的规定讨论决定，所作决定及实施情况应当及时向本村民小组的村民公布。

9. 哪些村务需要进行公开

案例

去外村走亲戚的村民李某无意中看到该村村民委员会的外墙上贴了一个“村务公开栏”，李某非常好奇，便询问亲戚这个“村务公开栏”是怎么回事。在得知亲戚所在的村民委员会经常在外墙贴上本村收支一览表以后，他心里就犯起嘀咕：我们村怎么就没有这种公开栏呢？什么样的村务需要公开呢？作为一个村民代表,李某打算回村里咨询一下。

解析

《村民委员会组织法》第 30 条明确规定,村民委员会实行村务公开制度。村民委员会应当及时公布下列事项,接受村民的监督:

(1)由村民会议、村民代表会议讨论决定的事项及其实施情况;

(2)国家计划生育政策的落实方案;

(3)政府拨付和接受社会捐赠的救灾救助、补贴补助等资金、物资的管理使用情况;

(4)村民委员会协助人民政府开展工作的情况;

(5)涉及本村村民利益,村民普遍关心的其他事项。

以上事项中,一般事项至少每季度公布一次;集体财务往来较多的,财务收支情况应当每月公布一次;涉及村民利益的重大事项应当随时公布。村民委员会应当保证所公布事项的真实性,并接受村民的查询。

要注意,根据中共中央办公厅、国务院办公厅《关于健全和完善村务公开和民主管理制度的意见》第 2 部分第 1 条的规定,国家有关法律法规和政策明确要求公开的事项,如计划生育政策落实、救灾救济款物发放、宅基地使用、村集体经济所得收益使用、村干部报酬等,应坚持公开。要把财务公开作为村务公开的重点,所有收支必须逐项逐笔公布明细账目,让群众了解、监督村集体资产和财务收支情况。

同时,要根据农村改革发展的新形势、新情况及时丰富和拓展村务公开内容。当前,要将土地征用补偿及分配、农村机动地和“四荒地”发包、村集体债权债务、税费改革和农业税减免政策、村内“一事一议”筹资筹劳、新型农村合作医疗、种粮直接补贴、退耕还林还草款物兑现及国家其他补贴农民、资助村集体的政策落实情况,及时纳入村务公开的内容。农民群众要求公开的其他事项也应公开。

▶ 10. 村务公开要采取什么形式

案例

李某回到村里后，和其他几个村民代表专门到村民委员会办公室询问村务公开的情况。村民委员会主任一听，赶忙进行检讨，解释说因为他们对村务公开认识不到位，所以迟迟没有向村民公开。他承诺一定向乡政府询问公开的具体流程，尽快将村务进行公开。那么，村务公开应采取什么形式呢？

解析

村党组织和村民委员会应当根据法律规定及政策文件建立健全党务公开、村务公开和财务公开制度。

根据中共中央办公厅、国务院办公厅《关于健全和完善村务公开和民主管理制度的意见》第 2 部分第 2 条的规定，村务公开的基本程序是：(1)村民委员会根据本村的实际情况，依照法规和政策的有关要求提出公开的具体方案；(2)村务公开监督小组对方案进行审查、补充、完善后，提交村党组织和村民委员会联席会议讨论确定；(3)村民委员会通过村务公开栏等形式及时公布。

村务公开应坚持实际、实用、实效的原则，不断丰富村务公开内容，规范村务公开程序，统一村务公开时间。推进村务事项从办理结果的公开，向事前、事中、事后全过程公开延伸，让村民对村务事项做到心中有数、明明白白。

要及时公开村民小组会议讨论决定事项及实施情况等。在便于群众观看的地方设立固定的村务公开栏，同时还可以通过广播、电视、网络、“明白纸”、民主听证会等其他有效形式公开。

要充分利用现代科学技术，不断创新村务公开的有效形式和手段。《关于进一步加强村级民主监督工作的意见》(民发〔2012〕162 号)第 5 部分第 4 条要求，有条件的地方，可以探索开发村务管理软件，建立村务管理信息化平台,规范工作程序,提高管理服务效率。探索建立村民信息交流互动平台,了解村民诉求,解决村民反映的问题。积极探索使用互联网、手机短信等方式,及时公开强农惠农富农政策、涉农收费、农村财务和农村重大事项、市场供需信息以及农业科普信息、村民委员会协助政府开展工作等内容,切实保障村民尤其是外出务工人员的民主权利。

11. 村民委员会不对村务进行公开怎么办

案例

李某等村民代表向村民委员会反映财务公开的问题已经过去两个多月了,当初村民委员会主任答应得挺好,但是,村民们至今没有收到任何关于财务公开的信息。李某有些急了:如果村民委员会不对村务进行公开,该怎么办呢?

解析

村民委员会不及时公布应当公布的事项或者公布的事项不真实的,根据《村民委员会组织法》第 31 条的规定,村民有权向乡、民族乡、镇的人民政府或者县级人民政府及其有关主管部门反映,有关人民政府或者主管部门应当负责调查核实,责令依法公布;经查证确有违法行为的,有关人员应当依法承担责任。

群众对公布的内容有疑问的,根据中共中央办公厅、国务院办公厅《关于健全和完善村务公开和民主管理制度的意见》第 2 部分第 4 条的规定,可以口头或书面形式向村务公开监督小组投诉,村务公开监督小组对群众反映的问题应当及时进行调查,确有内容遗漏或者不真实的,应督促村民委员会重新公布;也可以直接向村党组织、村民委员会询问,村民委员会应在 10 日内予以解释和答复,村民委员会要对村务公开资料进行整理归档并妥善保管。

▶ 12. 村务监督委员会要做哪些工作

案例

在乡政府的督促和指导下,村民委员会终于决定以“村务公开栏”的形式向全体村民公开村务。村民们感到李某是一个认真负责、懂法知理的人,因此,大家一致推选他加入村务监督委员会。那么,村务监督委员会都要做哪些工作呢?

解析

《村民委员会组织法》第32条规定,村应当建立村务监督委员会或者其他形式的村务监督机构,负责村民民主理财,监督村务公开等制度的落实,其成员由村民会议或者村民代表会议在村民中推选产生,其中应有具备财会、管理知识的成员。村民委员会成员及其近亲属不得担任村务监督机构成员。村务监督机构成员向村民会议和村民代表会议负责,可以列席村民委员会会议。

《关于健全和完善村务公开和民主管理制度的意见》第2部分第3条规定,村务监督机构要依法履行职责,认真审查村务公开各项内容是否全面、真实,公开时间是否及时,公开形式是否科学,公开程序是否规范,并及时向村民会议或村民代表会议报告监督情况。对不履行职责的成员,村民会议或村民代表会议有权罢免其资格。村民代表可以对村民委员会成员是否廉洁履行职责的情况进行询问和质询。

此外,《村民委员会组织法》第34条规定,村民委员会和村务监督机构应当建立村务档案。村务档案包括:选举文件和选票、会议记录、土地发包方案和承包合同、经济合同、集体财务账目、集体资产登记文件、公益设施基本资料、基本建设资料、宅基地使用方案、征地补偿费使用及分配方案等。村务档案应当真实、准确、完整、规范。

▶ 13. 如何对村“两委”干部进行评议

案例

对于这次的民主评议,村主任王某一直都非常紧张。去年,村民代表们对他的评价是“勉强算个‘称职’”。为此,镇里的干部还找王某谈过话,让他反思一下自己在村内事务中是不是有什么做得不妥的地方。王某下决心改正,但还是担心如果今年被大家评议为“不称职”,不仅会被终止职务,而且会很丢人。评议结果一出来,王某别提多高兴了!他这一年多的努力没有白费,他被村民代表评议为“优秀”级别呢。那么,如何对村民委员会成员进行评议呢?

解析

(1)对村民委员会成员的评议

《村民委员会组织法》第33条规定,村民委员会成员以及由村民或者村集体承担误工补贴的聘用人员,应当接受村民会议或者村民代表会议对其履行职责情况的民主评议。民主评议每年至少进行一次,由村务监督机构主持。村民委员会成员连续两次被评议不称职的,其职务终止。

《关于进一步加强村级民主监督工作的意见》第3部分第2条规定了民主评议的形式和程序:

民主评议由乡镇党委、政府统一组织,村务监督机构主持。对同一评议对象,两次民主评议间隔时间不得少于6个月。民主评议通过召开村民会议或者村民代表会议的形式开展,一般结合年终工作总结进行。1/10以上村民或者1/3以上村民代表提议时,应当及时开展民主评议活动。

村务监督机构应当按照乡镇党委、政府要求,在民主评议开展10日前将民主评议实施方案书面告知民主评议对象,并向村民公布。民主评议对象应当积极主动、客观、公正地介绍履职情况，如实回答提出的问题。以村民会议形式民主评议村干部的，应有本村 18 周岁以上村民过半数或者本村 2/3 以上的户代表参加；以村民代表会议形式民主评议村干部的，应有 2/3 以上的村民代表参加。

参加评议的人员应当现场填写民主评议考核表，按照优秀、称职和不称职三个等次对评议对象履职情况进行评议。民主评议结果应当及时向村民公布，接受村民监督。同时，农村基层干部是否廉洁履行职责的情况也应当作为对其奖励惩处、考核评价、选拔任用、考录的重要依据。

(2)对村党组织成员的评议

《中国共产党党员权利保障条例》第 11 条第 1 款规定，党员有党内监督权，有权在党的会议上以口头或者书面方式有根据地批评党的任何组织和任何党员，揭露、要求纠正工作中存在的缺点和问题，在民主评议中指出领导干部和其他党员的缺点错误；有权向党组织反映对本人所在党组织、领导干部、其他党员的意见。

《关于进一步加强村级民主监督工作的意见》第 5 部分第 5 条提出，提倡村党组织成员通过民主程序兼任村务监督机构成员，健全“一事一议”制度，逐步推行村主要负责人廉政承诺制度、村干部勤廉双述、村民质询制度。

《农村基层干部廉洁履行职责若干规定(试行)》第 16 条规定，村党组织领导班子成员和村民委员会成员应当将贯彻执行廉洁自律的情况作为民主生活会对照检查、年度述职述廉和民主评议的重要内容，接受党员和村民的监督。

▶ 14. 村党组织和村民委员会是什么关系

案例

王某任某村村支书已经有 10 余年了，他觉得自己是村里的“一把手”,所以在人权、财权、物权、事权等方面应该说一不二。而村民委员会主任李某则认为自己是村民民主选举出来的,对村里事务应该有一定的自主权。李某刚上任半年,王某就处处想压他一头,让他很不服气。为此,二人没少为村里的事情发生争吵,镇里干部特意分别找他们谈话,强调王某作为村支书应该多支持村主任的工作,而村主任李某也要多跟王某沟通。那么,村党组织和村民委员会之间是什么关系呢?

解析

《中国共产党章程》在总纲中规定,党的领导主要是政治、思想和组织的领导。根据《村民委员会组织法》第 4 条的规定,作为农村基层党组织,村党支部按照《中国共产党章程》进行工作,发挥领导核心作用,领导和支持村民委员会行使职权;依照宪法和法律,支持和保障村民开展自治活动、直接行使民主权利。

在实践中,村党支部有明确的实现领导核心作用的具体途径,例如,对本村经济社会发展中重要问题的讨论决定作用、对村级民主建设的领导推进作用、对村民委员会等村级组织及其作用发挥的领导和支持保证作用、对村干部及有关人员的教育管理监督作用、搞好村精神文明建设和社会治安、计划生育工作中的作用等。《中国共产党农村基层组织工作条例》(2019 年 1 月修订)第 10 条规定,村党支部的主要职责是:

(1)宣传和贯彻执行党的路线方针政策和党中央、上级党组织及本村党员大会(党员代表大会)的决议。

(2)讨论和决定本村经济建设、政治建设、文化建设、社会建设、生态文明建设和党的建设以及乡村振兴中的重要问题并及时向乡镇党委报告。需由村民委员会提请村民会议、村民代表会议决定的事情或者集体经济组织决定的重要事项,经村党组织研究讨论后,由村民会议、村民代表会议或者集体经济组织依照法律和有关规定作出决定。

(3)领导和推进村级民主选举、民主决策、民主管理、民主监督,推进农村基层协商，支持和保障村民依法开展自治活动。领导村民委员会以及村务监督委员会、村集体经济组织、群团组织和其他经济组织、社会组织，加强指导和规范，支持和保证这些组织依照国家法律法规以及各自章程履行职责。

(4)加强村党组织自身建设，严格组织生活，对党员进行教育、管理、监督和服务。负责对要求入党的积极分子进行教育和培养，做好发展党员工作。维护和执行党的纪律。加强对村、组干部和经济组织、社会组织负责人的教育、管理和监督，培养村级后备力量。做好本村招才引智等工作。

(5)组织群众、宣传群众、凝聚群众、服务群众，经常了解群众的批评和意见，维护群众正当权利和利益，加强对群众的教育引导，做好群众思想政治工作。

(6)领导本村的社会治理，做好本村的社会主义精神文明建设、法治宣传教育、社会治安综合治理、生态环保、美丽村庄建设、民生保障、脱贫致富、民族宗教等工作。

总之，党支部要加强对村民委员会的领导，支持村民委员会依法开展工作，遇事要与村民委员会多商量，多听取群众的意见，但不能包办代替村民委员会的工作。村民委员会必须把自己置于党支部领导之下，积极主动地做好职责范围内的工作，及时向党支部报告工作，多沟通情况，交换意见，拧成一股绳，共同把村中的事情管好办好。当然，村党支部、村民委员会、村集体经济组织主要领导成员可以适当交叉兼职，保持精干，注重工作效率。

▶ 15. 如何建立村级党组织

案例

某村是一个非常大的村庄，下辖几个自然村。后来，根据工作需要，该村分成了两个村庄,那么,如何建立各自的村级党组织?村民如何入党?

解析

根据《中国共产党农村基层组织工作条例》第 5 条、第 11 条的规定,有正式党员 3 人以上的村,应当成立党支部;不足 3 人的,可与邻近村联合成立党支部。党员人数较多的村党支部,可以划分若干党小组。党小组在支部委员会领导下开展工作,组织党员学习和参加组织生活,检查党员履行义务、行使权利和执行支部委员会、党员大会决议的情况,反映党员、群众的意见。党员人数超过 50 人的村,或党员人数虽不足 50 人、确因工作需要的村,可以成立党的总支部。党员人数 100 人以上的村,根据工作需要,经县级地方党委批准,可以成立党的基层委员会,下设若干党支部。村党委受乡镇党委领导。

村党的委员会、总支部委员会、支部委员会每届任期 5 年,由党员大会选举产生。党员人数 500 人以上的村党的委员会,经乡镇党委批准,可以由党员代表大会选举产生。村级党组织发展党员必须经过乡镇党委审批。

《中共中央关于加强农村基层组织建设的通知》(民中发〔1994〕10 号)中要求,要认真做好在优秀青年积极分子和妇女中培养和发展党员的工作。对那些长期没有发展党员,以致党员队伍严重老化的乡村,尤其要抓紧帮助解决存在的问题,不断优化农村基层党组织结构。

▶ 16. 村党支部班子成员应当承担哪些经济责任

案例

村党支部在村级事务中发挥领导核心作用,承担了重要的工作职责,其中就有应该承担的经济责任部分,村党支部应该想方设法带领村民共同致富。那么，村党支部班子成员应当承担的经济责任有哪些呢？具体措施都有什么？

解析

《中国共产党农村基层组织工作条例》第12条规定，党的农村基层组织应当加强对经济工作的领导，坚持以经济建设为中心，贯彻创新、协调、绿色、开放、共享的发展理念，加快推进农业农村现代化，持续增加农民收入，不断满足群众对美好生活的需要。具体任务包括：

（1）坚持以公有制为主体、多种所有制经济共同发展的基本经济制度，巩固和完善农村基本经营制度，坚持农村土地集体所有，坚持家庭经营基础性地位，坚持稳定土地承包关系，走共同富裕之路。

（2）稳定发展粮食生产，发展多种经营应当同支持和促进粮食生产相结合。

（3）推动乡村产业振兴，推进农村一二三产业融合发展，让农民合理分享全产业链增值收益。

（4）坚持绿水青山就是金山银山理念，实现农业农村绿色发展、可持续发展。

（5）领导制定本地经济发展规划，组织、动员各方面力量保证规划实施。

（6）组织党员、群众学习农业科学技术知识，应用科技发展经济。吸引各类人才到农村创业创新。

17. 村党支部承担的精神文明建设责任有哪些

案例

基层党员在推动农村发展中应该发挥重要作用，除自身严格按照要求为普通村民作出表率外，还应该有意识地加入农村工作中，积极引领本村精神文明建设。在这期间,村党支部要承担的精神文明建设责任有哪些呢?

解析

根据《中国共产党农村基层组织工作条例》第15~18条的规定,村党支部承担的精神文明建设责任主要有:

党的农村基层组织应当组织群众学习习近平新时代中国特色社会主义思想,培育和践行社会主义核心价值观,开展中国特色社会主义和实现中华民族伟大复兴的中国梦宣传教育,爱国主义、集体主义和社会主义教育,党的路线方针政策教育,思想道德和民主法治教育,引导农民正确处理国家、集体、个人三者之间的利益关系,培养有理想、有道德、有文化、有纪律的新型农民。

党的农村基层组织应当加强群众培训,通过新时代文明实践中心(所、站)、农民夜校等渠道,深入宣传教育群众,用中国特色社会主义文化、社会主义思想道德牢牢占领农村思想文化阵地。

党的农村基层组织应当改善农村人居环境,倡导文明健康生活方式。传承发展提升农村优秀传统文化,保护传统村落,加强农村文化设施建设,开展健康有益的文体活动。改善办学条件,普及义务教育。开展文明村镇、文明家庭创建活动,破除封建迷信和陈规陋习,推进移风易俗,弘扬时代新风。

党的农村基层组织应当加强和改进思想政治工作。宣传党组织和党员先进事迹,宣传好人好事,弘扬真善美,传播正能量。了解群众思想状况,帮助解决实际困难,引导群众自觉听党话、感党恩、跟党走。党的农村基层组织应当加强对党员、群众的无神论宣传教育,引导党员、群众自觉抵制腐朽落后文化侵蚀,弘扬科学精神,普及科学知识。做好农村宗教工作,加强对信教群众的工作,管理好宗教活动场所,依法制止利用宗教干涉农村公共事务,坚决抵御非法宗教活动和境外渗透活动。必须在意识形态上站稳立场，旗帜鲜明反对各种错误观点，同一切歪风邪气、违法犯罪行为作斗争。

▶ 18. 村党支部承担的乡村治理责任有哪些

案例

党的十九大召开，村党支部书记老张非常激动，他认真学习了十九大报告，对于报告中提出的“实施乡村振兴战略”“健全自治、法治、德治相结合的乡村治理体系”等观点非常赞同。他知道，千千万万个乡村是国家的基石，乡村治理是社会治理的基础和关键。作为一名基层党组织的党员干部，承担的乡村治理责任有哪些呢？

解析

根据《中国共产党农村基层组织工作条例》第19～22条，《中国共产党农村工作条例》（2019年8月施行）第4条、第17条，以及中共中央办公厅、国务院办公厅《关于加强和改进乡村治理的指导意见》（2019年）的规定，村党支部应当承担的乡村治理责任主要有以下几个方面：

第一，坚持农村基层党组织领导地位不动摇，党的农村基层组织应当加强对各类组织的统一领导，村党组织全面领导村民委员会及村务监督委员会、村集体经济组织、农民合作组织和其他经济社会组织，打造充满活力、和谐有序的善治乡村，形成共建共治共享的乡村治理格局。

第二，村党组织书记应当通过法定程序担任村民委员会主任和村级集体经济组织、合作经济组织负责人，村“两委”班子成员应当交叉任职。村务监督委员会主任一般由党员担任，可以由非村民委员会成员的村党组织班子成员兼任。村民委员会成员、村民代表中党员应当占一定比例。

第三，健全村级重要事项、重大问题由村党组织研究讨论机制，全面落实“四议两公开”。加强基本队伍、基本活动、基本阵地、基本制度、基本保障建设,实施村党组织带头人整体优化提升行动,持续整顿软弱涣散村党组织,整乡推进、整县提升,发展壮大村级集体经济。

第四,党的农村基层组织应当健全党组织领导的自治、法治、德治相结合的乡村治理体系。建立健全党委领导、政府负责、社会协同、公众参与、法治保障、科技支撑的现代乡村社会治理体制,健全党组织领导下的自治、法治、德治相结合的乡村治理体系,建设充满活力、和谐有序的乡村社会。深化村民自治实践,制定完善村规民约,建立健全村务监督委员会,加强村级民主监督。推广新时代“枫桥经验”,推进乡村法治建设,提升乡村德治水平,建设平安乡村。依法严厉打击农村黑恶势力、宗族恶势力、宗教极端势力、“村霸”,严防其侵蚀基层干部和基层政权。坚决惩治黑恶势力“保护伞”。

第五,党的农村基层组织应当加强农村生态文明建设,组织党员、群众参与山水林田湖草系统治理,加强污染防治,保护生态环境,建设美丽乡村。

第六,党的农村基层组织应当保障和改善民生,努力解决入园入托、上学、就业、看病、养老、居住、出行、饮水等群众最关心、最直接、最现实的利益问题,加强对贫困人口、留守儿童和妇女、老年人、残疾人、“五保户”等人群的关爱服务。投放农村的公共服务资源,应当以乡镇、村党组织为主渠道落实,保证有资源、有能力为群众服务。注重运用现代信息技术,提升乡村治理智能化水平。

第七,积极培育和践行社会主义核心价值观。坚持教育引导、实践养成、制度保障三管齐下,推动社会主义核心价值观落细落小落实,融入文明公约、村规民约、家规家训。完善乡村信用体系,增强农民群众诚信意识。推动农村学雷锋志愿服务制度化常态化。加强农村未成年人思想道德建设。

第八,实施乡风文明培育行动。弘扬崇德向善、扶危济困、扶弱助残等传统美德,培育淳朴民风。开展好家风建设,传承传播优良家训。全面推行移风易俗，整治农村婚丧大操大办、高额彩礼、铺张浪费、厚葬薄养等不良习俗。破除丧葬陋习，树立殡葬新风，推广与保护耕地相适应、与现代文明相协调的殡葬习俗。

▶ 19. 村党支部如何做好党员队伍建设工作

案例

某村有党员若干名，由于都是村民，平时忙于务农和家庭事务，对于组织活动的积极性不高。为此，村党支书王某想出来一个办法，将党员思想建设工作与互联网结合，他把村里的党员都拉进一个"党员大课堂"的微信群中，每周发布一个题目让大家讨论，比如如何从个人做起落实党中央精神、如何改善村内事务等。村党支部的做法受到了镇党委的好评。那么，村党支部如何做好队伍建设工作呢？

解析

根据《中国共产党农村基层组织工作条例》第8章"党员队伍建设"中第33～40条的规定，以及《中国共产党农村工作条例》第4章"队伍建设"的内容，村党组织应当在以下几个方面认真开展农村党员的队伍建设工作：

第一，党的农村基层组织应当组织党员认真学习和忠实践行习近平新时代中国特色社会主义思想，推进"两学一做"学习教育常态化、制度化，认真开展党内主题教育活动，学习党的基本理论、基本路线、基本方略，学习形势政策、科学文化、市场经济、党内法规和国家法律法规等知识。

第二，党的农村基层组织应当严格党的组织生活。坚持"三会一课"制度，村党组织应当以党支部为单位，每月相对固定1天开展主题党日，组织党员学习党的文件、上党课，开展民主议事、志愿服务等，突出党性锻炼,防止表面化、形式化。党员领导干部应当定期为基层党员讲党课。党支部应当经常开展谈心谈话。

第三,党的农村基层组织应当坚持和完善民主评议党员制度。对优秀党员,进行表彰表扬;对不合格党员,加强教育帮助,依照有关规定,分别给予限期改正、劝其退党、党内除名等组织处置。

第四,党的农村基层组织应当教育和监督党员履行义务,尊重和保障党员的各项权利。推进党务公开,使党员对党内事务有更多的了解和参与。

第五,党的农村基层组织应当加强和改进流动党员教育管理。流入地党组织应当及时将外来党员编入党的支部和小组,组织他们参加组织生活和党的活动。流出地党组织应当加强对外出党员的经常联系,可以在外出党员相对集中的地方建立流动党员党组织。流动党员每半年至少向流出地党组织汇报1次在外情况。

第六,党的农村基层组织应当严格执行党的纪律。经常对党员进行遵纪守法教育。党员违犯党的纪律,应当及时教育或者处理,问题严重的应当向上级党组织报告。对于受到党的纪律处分的,应当加强教育,帮助其改正错误。

第七,党的农村基层组织应当按照控制总量、优化结构、提高质量、发挥作用的总要求和有关规定,把政治标准放在首位,做好发展党员工作。注重从青年农民、农村外出务工人员中发展党员,注意吸收妇女入党。村级党组织发展党员必须经过乡镇党委审批。

第八,农村党员应当在社会主义物质文明建设和精神文明建设中发挥先锋模范作用,带头投身乡村振兴,带领群众共同致富。党的农村基层组织应当组织开展党员联系农户、党员户挂牌、承诺践诺、设岗定责等活动,给党员分配适当的社会工作和群众工作,为党员发挥作用创造条件。

第九,农村工作干部应当增强做群众工作的本领,改进工作作风,深入基层,认真倾听农民群众呼声,不断增进与农民群众的感情,坚决反对

“四风”特别是形式主义、官僚主义。

▶ 20. 村党支部讨论哪些问题时必须进行表决

案例

为了使村党支部在农村发展中发挥更大作用，基层党组织鼓励吸收本村的优秀青年、妇女等入党。当然，要按规定履行入党程序。可是，在讨论关于是否吸收李某为正式党员时，某村的党支部内部出现了不同意见，老刘说他之前找李某办事时他推诿不办，认为李某不尊重老党员，因此建议再对他考察一下。但是，绝大多数党员都觉得李某可以转正。那么，老刘发表的观点有效吗？党支部在讨论哪些问题时必须由党员进行表决？

解析

在对一些重要问题作出决定时，村党支部必须开会讨论决定。这些重要问题包括：本村经济建设、政治建设、文化建设、社会建设、生态文明建设和党的建设以及乡村振兴中的重要问题；发展新党员；上级党组织规定应当集体讨论决定的其他问题等。

《中国共产党农村基层组织工作条例》第 31 条规定，党的农村基层组织领导班子应当贯彻党的民主集中制，认真执行集体领导和个人分工负责相结合的制度。凡属重要问题，必须经过集体讨论决定，不允许个人或者少数人说了算。书记应当有民主作风，善于发挥每个委员的作用，敢于负责。委员应当积极参与和维护集体领导，主动做好分工负责的工作。

《中国共产党党员权利保障条例》第 23 条规定，党的基层组织研究作出重要决议决定，应当在本级组织管辖的一定范围内征求党员意见。在一般情况下，对于存在重大分歧的，应当在进一步调查研究、交换意见后再启动决策程序。

《中国共产党党员权利保障条例》第26条规定,党组织讨论决定问题必须坚持民主集中制,执行少数服从多数原则,决定重要问题应当按照规定进行表决。表决前应当充分讨论酝酿,表决情况和不同意见及其理由应当如实记录。

▶ 21. 村党支部有哪些工作任务

案例

某村党支部书记兼村民委员会主任老张上任后,一心一意要带领大家发家致富,为了寻找商业机会,还经常外出奔波联系。村党支部有人向他提建议,认为他光忙着发财了,应该多想想农村党建的事情。老张却不以为然,他觉得经济搞好了,大家都富裕了,党建工作不就自然搞好了吗?老张这么想对吗?

解析

作为村党支部书记兼任村民委员会主任,老张想办法带领大家发家致富是没错的,《中国共产党农村工作条例》第3条中规定,“集中精力做好脱贫攻坚、防贫减贫工作,走共同富裕道路”。但是,这并不是他唯一的工作,坚持党的全面领导、建设充满活力的乡村治理机制、践行社会主义核心价值观等,都是农村基层党组织应当做的工作。

该条例第14~19条规定了农村党组织的主要任务,包括:

(1)加强党对农村经济建设的领导。巩固和加强农业基础地位,实施藏粮于地、藏粮于技战略,严守耕地红线,确保谷物基本自给、口粮绝对安全。深化农业供给侧结构性改革,构建现代农业产业体系、生产体系、经营体系,促进农村一二三产业融合发展,发展壮大农村集体经济,促进农民持续增收致富。坚决打赢脱贫攻坚战,巩固和扩大脱贫攻坚成果。

(2)加强党对农村社会主义民主政治建设的领导。完善基层民主制度，深化村民自治实践，健全村党组织领导的充满活力的村民自治机制，丰富基层民主协商形式，保证农民依法实行民主选举、民主协商、民主决策、民主管理、民主监督。严厉打击农村黑恶势力、宗族恶势力，严厉打击各类违法犯罪，严厉打击暴力恐怖活动，保障人民生命财产安全，促进农村社会公平正义。坚决取缔各类非法宗教传播活动，巩固农村基层政权。

(3)加强党对农村社会主义精神文明建设的领导。培育和践行社会主义核心价值观，在农民群众中深入开展中国特色社会主义、习近平新时代中国特色社会主义思想宣传教育，建好用好新时代文明实践中心。加强农村思想道德建设，传承发展提升农村优秀传统文化，推进移风易俗。加强农村思想政治工作，广泛开展民主法治教育。深入开展农村群众性精神文明创建活动，丰富农民精神文化生活，提高农民科学文化素质和乡村社会文明程度。

(4)加强党对农村社会建设的领导。坚持保障和改善农村民生，大力发展教育、医疗卫生、养老、文化体育、社会保障等农村社会事业，加快改善农村公共基础设施和基本公共服务条件，提升农民生活质量。建立健全党委领导、政府负责、社会协同、公众参与、法治保障、科技支撑的现代乡村社会治理体制，健全党组织领导下的自治、法治、德治相结合的乡村治理体系，建设充满活力、和谐有序的乡村社会。

(5)加强党对农村生态文明建设的领导。牢固树立和践行绿水青山就是金山银山的发展理念，统筹山水林田湖草系统治理，促进农业绿色发展，加强农村生态环境保护，改善农村人居环境，建设生态宜居美丽乡村。

(6)加强农村党的建设。以提升组织力为重点，突出政治功能，把农村基层党组织建设成为宣传党的主张、贯彻党的决定、领导基层治理、团结动员群众、推动改革发展的坚强战斗堡垒，发挥党员先锋模范作用。坚持农村基层党组织领导地位不动摇，乡镇党委和村党组织全面领导乡镇、村的各类组织和各项工作。村党组织书记应当通过法定程序担任村民委员会主任和村级集体经济组织、合作经济组织负责人，推行村“两委”班子成员交叉任职。加强村党组织对共青团、妇联等群团组织的领导,发挥它们的积极作用。健全村党组织领导下的议事决策机制、监督机制,建立健全村务监督委员会,村级重大事项决策实行“四议两公开”。

22. 村党支部开展工作应当遵循什么原则

案例

党中央在十九大报告中提出了“乡村振兴战略”,某村党支部书记老张想在这方面有所作为,让乡亲们有更美好的生活。不过,乡村看起来不大,工作却不少,在开展工作时应当遵循什么原则呢?

解析

《中国共产党农村工作条例》第 4 条提出了党的农村工作必须遵循的六项原则:

(1)坚持党对农村工作的全面领导,确保党在农村工作中总揽全局、协调各方,保证农村改革发展沿着正确的方向前进。

(2)坚持以人民为中心,尊重农民主体地位和首创精神,切实保障农民物质利益和民主权利,把农民拥护不拥护、支持不支持作为制定党的农村政策的依据。农村的所有政策必须尊重农民的利益,尊重农民的首创精神。

(3)坚持巩固和完善农村基本经营制度,夯实党的农村政策基石。党的十九大报告提出:“保持土地承包关系稳定并长久不变,第二轮土地承包到期后再延长三十年。”这些工作部署都要求坚持农村的基本经营制度。

(4)坚持走中国特色社会主义乡村振兴道路,推进乡村产业振兴、人才振兴、文化振兴、生态振兴、组织振兴。这五大振兴就是实现乡村振兴的核心内容,村党支部要推动乡村振兴,就要围绕这五个核心内容。

（5）坚持教育引导农民听党话、感党恩、跟党走，把农民群众紧紧团结在党的周围，筑牢党在农村的执政基础。党的根基在于群众支持，农民是广大群众中的重要部分，因此，党的农村工作要让农民在改革发展中受益，把群众紧密团结在党的周围。

（6）坚持一切从实际出发，分类指导、循序渐进，不搞强迫命令、不“刮风”、不“一刀切”。不同的村庄情况差异特别大，“一刀切”的政策容易出问题，所以党的农村工作必须要具体问题具体分析。

23. 村“两委”如何保管村民委员会公章

案例

李某在村里担任党支书和村主任职务已经10多年，长期的一肩挑使他形成了独断专行的作风，很多会议都成了形式，全都是李某的“一言堂”，众多村民对此不满。在今年的村民委员会换届选举中，李某落选了，他无法接受这一事实，就把持着村民委员会印章不交公，使村里工作陷入了被动局面。那么，应该如何保管村民委员会公章呢？

解析

村民委员会印章，是村级公共权力的象征，在办理村公共事务和公益事业方面具有重要作用。规范村民委员会印章的制发、使用和管理，是村民委员会组织建设的重要内容。

民政部、公安部《关于规范村民委员会印章制发使用和管理工作的意见》中，对村“两委”保管村民委员会公章作出了如下规定：

村民委员会印章要由专人保管，保管人由村党支部、村民委员会提名，并经村民代表会议讨论后决定。为防止乱用印章，一般情况下，印章使用的审批人与印章保管人不得为同一人。

村党支部书记、村民委员会主任一般不宜直接保管印章。凡涉及贷款、承包、对外签订合同等重大问题需使用印章时,村民委员会应及时召开村民会议或村民代表会议,经会议讨论同意并经村民委员会主任签字后方可使用。

乡镇人民政府是村民委员会印章的唯一制发机构。刻制村民委员会印章,由党委支部、村民委员会提出意见,交付村民代表会议讨论,报乡级人民政府审核,由乡级人民政府到所在地县级公安机关办理准刻手续,并到指定厂家刻制。村民委员会撤销或合并,被撤销或合并前的村民委员会印章不得继续使用,制发机关应及时收缴。

村民委员会印章丢失时,应及时向制发机关报告并申请补发,应予补发的由制发机关登记并办理补发。制发机关应以适当方式公布新印章启用和旧印章作废。使用已作废村民委员会印章的,按私刻公章行为处理。

村民委员会成员在届内被集体罢免的,印章由乡级人民政府暂时代管。乡级人民政府应在重新选举工作结束后及时将印章发给新的村民委员会。

换届选举工作结束后,上一届村民委员会应在10天内向本届村民委员会移交印章。拒不移交村民委员会印章的,由制发机关负责追缴,并追究责任。

第二篇
农用地、宅基地及房屋

一、农用地

▶ 1. 承包人把承包地租给外村村民，村民委员会怎么办

案例

小张承包了村北的一块耕地，后因外出打工，便将承包的土地转给了隔壁村的一位朋友小王。由于小王在这块土地上盖了厂房用于出租，本村村民就找村民委员会，要求小王退回承包土地。村民委员会应该如何解决？

解析

《民法典》第 339 条规定："土地承包经营权人可以自主决定依法采取出租、入股或者其他方式向他人流转土地经营权。"《农村土地承包法》（2018 年 12 月修正）第 17 条规定："承包方享有下列权利……（三）依法流转土地经营权……"因此，小张有权利自己决定把承包的土地出租给其他人，受让方可以是承包农户，也可以是按有关法律法规规定允许从事农业生产的其他组织和个人。但是，无论是谁承包了耕地，都不能在耕地上盖房子，建厂房、车库等非农设施，不能改变流转土地的农业用途。《农村土地承包法》第 18 条规定："承包方承担下列义务：（一）维持土地的农业用途，未经依法批准不得用于非农建设；（二）依法保护和合理利用土地，不得给土地造成永久性损害；（三）法律、行政法规规定的其他义务。"第 38 条规定："土地经营权流转应当遵循以下原则……（二）不得改变土地所有权的性质和土地的农业用途，不得破坏农业综合生产能力和

农业生态环境……”因此,小王在承租土地上盖厂房、车库,改变了土地用途,是违法的,根据《农村土地承包法》第42条的规定,承包人小张有权单方解除土地经营权流转合同,收回土地。此外,根据第63条的规定,承包方、土地经营权人违法将承包地用于非农建设的,应由县级以上土地行政主管部门进行处罚。

村民委员会没有权利直接收回发包给小张的土地,而是要向县级土地行政部门反映情况,同时督促小张收回耕地。

2. 村民全家搬到城里,村民委员会应如何处理其承包地

案例

小张大学毕业后留在城市工作,将户口也迁到了城里,转为非农业户口。成家后小张把父母也接到城市生活。几年后,为方便生活,父母也落户到城市。有村民向村民委员会反映小张一家已经不是村里的成员,不是农民了,分给他们的土地应该收回。村民委员会应该如何处理其承包地?

解析

村民委员会是无权收回承包地的。《农村土地承包法》第27条第1款、第2款、第3款规定:“承包期内,发包方不得收回承包地。国家保护进城农户的土地承包经营权。不得以退出土地承包经营权作为农户进城落户的条件。承包期内,承包农户进城落户的,引导支持其按照自愿有偿原则依法在本集体经济组织内转让土地承包经营权或者将承包地交回发包方,也可以鼓励其流转土地经营权。”因此,小张全家虽然都已落户到城市,但在承包期内,其土地承包经营权仍然是受到法律保护的,任何组织或个人都无权强行收回。

▶ 3. 农村集体企业被国有企业兼并后，原农村集体企业使用的土地归谁所有

案例

某村距离县城很近，村里有一家村办的纺织企业，后本市一家国有企业将该村办的纺织企业兼并。因规划厂房要拆迁，村民要求村民委员会收回纺织企业所占的土地。村民委员会应该如何处理？

解析

根据《确定土地所有权和使用权的若干规定》第15条的规定，国企或城镇集体所有制单位兼并农民集体企业的，办理相关手续后，被兼并的原农民集体企业使用的集体所有土地转为国家所有。所以，一旦村办集体企业被国企兼并后，企业所占用的土地也就归国家所有了，村民不能再要回土地了。

▶ 4. 村民允许他人往自家耕地上倾倒建筑垃圾，村民委员会应如何处理

案例

小赵家的承包地紧邻马路，小张与小赵家的承包地挨着。最近，小张发现，小赵家的土地上多了很多建筑垃圾，严重影响了自家土地上小麦的生长。打听之下，小张得知，小赵与运输建筑垃圾的司机商量好了，往小赵家地里倒一车垃圾600元。为此，小张找到村里，让村里出面解决。

解析

《农村土地承包法》第18条明确规定，承包方未经依法批准不得将承包地用于非农建设，不得给土地造成永久性损害。第63条规定，承包

方违法将承包地用于非农建设的,由县级以上地方人民政府有关主管部门依法予以处罚。承包方给承包地造成永久性损害的,发包方有权制止,并有权要求赔偿由此造成的损失。因此,任何单位和个人均不能在耕地内堆放固体废弃物,包括建筑垃圾。村民委员会应当要求小赵清除垃圾,恢复耕地原状,如果倾倒垃圾给承包地造成永久性损害的,村民委员会还有权要求承包方赔偿由此造成的损失。如果在村民委员会责令清除垃圾后,小赵依旧没有处理,村民委员会应上报,由有执法权的县级土地行政主管部门处理。

如果是在国家划定的基本农田内倾倒建筑垃圾的,根据《基本农田保护条例》第 33 条规定,占用基本农田建窑、建房、建坟、挖砂、采石、采矿、取土、堆放固体废弃物或者从事其他活动破坏基本农田,毁坏种植条件的,由县级以上土地行政主管部门责令改正或者治理,恢复原种植条件,处占用基本农田的耕地开垦费 1 倍以上 2 倍以下的罚款;构成犯罪的依法追究刑事责任。

▶ 5. 村民委员会计划写一份土地承包合同,合同中必须包括哪些内容

案例

某村要开展重新发包土地工作,如今村民的法律意识越来越强,要求村民委员会签订土地承包合同,村民委员会该如何起草一份合法又实用的土地承包合同呢?

解析

我国农村实行土地承包经营制度,土地承包合同是发包人和承包人之间必须签订的。根据《农村土地承包法》第 22 条的规定,一份完整的土地承包合同应该包括以下内容:

（1）发包方、承包方的名称，发包方负责人和承包方代表的姓名、住所。无论什么合同，一定要写清楚签合同的双方是谁，信息要准确，比如名字中的字不能写错。

（2）承包土地的名称、坐落、面积、质量等级。关于这些内容描述要准确，不能产生歧义。

（3）承包期限和起止日期。日期要写清楚，年月日要写全，不能简写。根据《民法典》第 332 条、《农村土地承包法》第 21 条的规定，耕地的承包期为 30 年，草地的承包期为 30 年至 50 年，林地的承包期为 30 年至 70 年。耕地承包期届满后再延长 30 年，草地、林地承包期届满后依照上述规定相应延长。

（4）承包土地的用途。承包土地的用途不能违反国家规定，比如耕地不能用于非农建设。

（5）发包方和承包方的权利和义务。双方的权利义务是合同最主要的部分。《农村土地承包法》第 14 条、第 15 条、第 17 条、第 18 条对发包方和承包方的权利和义务有明确规定。

（6）违约责任。违约责任是合同中必须具备的条款。违反了合同约定要承担哪些责任，由双方约定，但是不能违反国家规定。明确违约责任有利于维权。

根据《农村土地承包法》第 23 条、第 24 条的规定，土地承包经营权自土地承包经营权合同生效时设立。登记机构应当向土地承包经营权人发放土地承包经营权证、林权证等证书，并登记造册，确认土地承包经营权。

签订土地承包合同，既保护了发包方也保护了承包方。村民委员会或村集体经济组织，应当根据本村的实际情况起草承包合同，有条件的可以请律师审查合同，避免不必要的合同纠纷。

▶ 6. 村民委员会在什么情况下能自己决定改变或解除与村民签订的承包经营合同

案例

村民小李承包土地后外出打工,既没有委托亲友耕种,也没有将土地租给别人,土地已经荒废3年了。村民委员会换届后,准备将村里闲置土地集中收回,却遭到了部分村民的反对。村民委员会的做法合法吗?

解析

我国通过立法保证土地承包经营的稳定性,不允许发包方单方面解除土地承包合同,除非承包方自愿将承包地交回发包方。《农村土地承包法》第30条规定,承包方自愿交回承包地的,可以获得合理补偿,但是应当提前半年以书面形式通知发包方。承包方在承包期内交回承包地的,在承包期内不得再要求承包土地。

即使承包农户进城落户的,根据《农村土地承包法》第27条规定,发包方也不得强行收回承包地,只能引导支持其按照自愿有偿原则依法在本集体经济组织内转让土地承包经营权或者将承包地交回发包方,也可以鼓励其流转土地经营权。

如果发包方在承包合同中有违背承包方意愿,或者违反法律、行政法规有关不得收回、调整承包地等强制性规定的约定的,根据《农村土地承包法》第58条的规定,该约定也是无效的,发包方不得依据约定收回、调整承包地。

因此,虽然小李承包土地后没有耕种也没有交由他人耕种,作为发包方的村民委员会也无权直接收回承包地。村民委员会可以引导小李通过出租等方式流转土地经营权,避免耕地荒芜。

7. 村民私自填河造地，村民委员会应如何处理

案例

某村是自然村，村庄附近有一条自然河经过。近几年雨水少，部分河床干涸，河滩裸露，有些村民便开始在河床裸露的滩涂上填土，将其改造成耕地。村民委员会应如何处理？

解析

《土地管理法》(2019年8月修正)第40条明确规定“禁止围湖造田和侵占江河滩地”。此外，《水法》第40条、《防洪法》第23条都明确规定“禁止围垦河道”。不过，如果确需围垦河道的，根据《水法》第40条第2款的规定，应当经过科学论证，经省、自治区、直辖市人民政府水行政主管部门或者国务院水行政主管部门同意后，报本级人民政府批准。

没有经批准围垦河道的是违法行为，根据《水法》第66条、《防洪法》第56条的规定，监督部门应责令停止违法行为，恢复原状或者采取其他补救措施，可以处5万元以下的罚款；既不恢复原状也不采取其他补救措施的，代为恢复原状或者采取其他补救措施，所需费用由违法者承担。村民委员会不是监督部门，没有行政处罚权，所以村民委员会发现违法围垦河道的，要及时制止，并要求恢复原状。同时向水利行政主管部门报告，协助水利行政主管部门执法。

8. 村民在自留地盖房子，村民委员会应如何处理

案例

某村小张的责任田离家比较远，而自家的自留地距离责任田比较近，小张就在自留地上盖了简易房，方便照顾责任田。但是自留地上的简易房影响了旁边土地上农作物的生长，对方坚决要求小张拆除简易房，双方

僵持不下。村民委员会该如何处理?

解析

自留地属于农民集体所有,农民仅有使用权。自留地是历史遗留的产物,是为了便于农民发展副业,提高农民生活水平,由集体经济组织分配给成员长期使用的小块土地。在农村实行家庭联产承包责任制后,农村集体土地一律采用了家庭承包方式,给予农民承包经营自主权,原有的自留地全部纳入了实行承包经营的土地范围。《农村土地承包法》第 3 条第 1 款规定:"国家实行农村土地承包经营制度。"因此,目前自留地基本上都统一纳入了承包地的范围而不再区分。

《农村土地承包法》第 11 条、第 63 条明确规定,未经依法批准不得将承包地用于非农建设。自留地是用于农业生产的,在自留地上建设房屋是违背法律精神的,村民委员会应当要求小张拆除房屋,恢复原状。

不过,村民委员会没有执法权,如果其强行拆除小张自留地上的房屋也是违法的。村民委员会应根据《农村土地承包法》第 63 条的规定,及时向县级以上地方人民政府有关主管部门报告,村民委员会有义务协助执法部门执法。

▶ 9. 村民在村里承包的农田上种树、盖蔬菜大棚,村民委员会应如何处理

案例

某村村民承包土地时约定是种植棉花、玉米等农作物,但是,蔬菜大棚开始兴起后,很多村民在耕地上改建蔬菜大棚、水果大棚,有一些村民甚至栽种了果树。村民委员会应该如何处理?

解析

《农村土地承包法》第15条规定了发包方的义务,其中第2项是:"尊重承包方的生产经营自主权,不得干涉承包方依法进行正常的生产经营活动。"《民法典》第331条规定:"土地承包经营权人依法对其承包经营的耕地、林地、草地等享有占有、使用和收益的权利,有权从事种植业、林业、畜牧业等农业生产。"通常而言,只要承包方不是擅自改变土地的农业用途,发包方就不得干涉农户的生产经营自主权。由于耕地承包年限为30年,期限届满后再延长30年,农户会根据土地性质、市场行情等因素适时调整作物品种,不可能长时间只种植特定作物,而且,长时间单一种植会降低土地的利用价值。因此,在土地经营权承包合同中不约定具体的种植内容,只需要约定用于农业生产即可。对于农户调整种植作物的,发包方不得干涉。

因土地承包经营发生纠纷的,包括因订立、履行、变更、解除和终止农村土地承包合同发生的纠纷,根据《农村土地承包经营纠纷调解仲裁法》第2条,《最高人民法院关于审理涉及农村土地承包纠纷案件适用法律问题的解释》(2020年12月修正)第1条、第2条的规定,双方当事人可以通过协商解决,也可以请求村民委员会、乡(镇)人民政府等调解解决。如果村民委员会和村民之间的纠纷调解不了,可以向农村土地承包仲裁机构申请仲裁,也可以直接向人民法院起诉。

▶ 10. 村民委员会向因土地整理受益的村民收取土地整理费有法律依据吗

案例

某村基本农田的机井、沟渠等农业配套设施开始老化,村民委员会与乡政府沟通后,决定对村内土地进行整理。其中,在村北和村西的村民承包地内整修和增加了机井、沟渠。为此,村民委员会向这两宗土地上的承包人收取土地整理费。村民却不愿意交,认为这是村民委员会应该做的事情。村民委员会向村民收土地整理费有法律依据吗?

解析

国家鼓励土地整理,农村集体经济组织对村内土地进行整理是节约、集约、合理利用土地的表现。《土地管理法》第42条第1款明确规定:“……县、乡(镇)人民政府应当组织农村集体经济组织,按照土地利用总体规划,对田、水、路、林、村综合整治,提高耕地质量,增加有效耕地面积,改善农业生产条件和生态环境。”

村民委员会对土地进行整理后,向受益村民收取土地整理费是有法律依据的。我国《土地管理法实施条例》第18条第3款规定,土地整理所需费用,按照谁受益谁负担的原则,由农村集体经济组织和土地使用者共同承担。所以,村民委员会可以向因整修、增加机井、沟渠而受益的村民收取土地整理费。但是,土地整理费是村民和村民委员会共同承担的,因此村民委员会也要负担至少一半的费用。

11. 土地承包期内,村民要求重新发包土地,村民委员会应如何处理

案例

某村第四生产小组的承包土地在村北的山下,去年雨季期间,发生山体滑坡泥石流,第四小组3户村民的土地受到严重损失,复耕难度很大,第四小组村民联名要求村里给受损村民重新发包土地。村民委员会应如何处理?

解析

国家保护农村承包土地经营的稳定性，在承包期内，一般不允许调整承包土地；如果承包合同中约定的调整土地的内容违反法律规定，那么该约定也是无效的，但是也有例外。根据《民法典》第 336 条、《农村土地承包法》第 28 条的规定，如果出现因自然灾害严重毁损承包地等特殊情形，确需调整承包土地的，可以调整；但不是重新分包。调整承包地需要经过严格的法律程序，具体是：在承包期内，因自然灾害严重毁损承包地等特殊情形对个别农户承包的耕地和草地需要适当调整的，必须经本集体经济组织成员的村民会议 2/3 以上成员或者 2/3 以上村民代表的同意，并报乡(镇)人民政府和县级人民政府农业农村、林业和草原等主管部门批准。但是，土地承包要遵守土地承包合同的约定，如果土地承包合同中约定不得调整承包地的，要按照合同的约定。如果合同中有关调整承包地的约定违反法律、行政法规有关不得调整承包地等强制性规定的，该条约定无效。

此外，根据《农村土地承包法》第 29 条的规定，用于调整承包地的土地主要有三种：(1)集体经济组织依法预留的机动地；(2)通过依法开垦等方式增加的；(3)发包方依法收回和承包方依法、自愿交回的。

12. 掌握哪些原则规定，有助于村干部更好地处理农村土地经营权流转的矛盾

案例

某村有一部分承包土地的村民，将土地承包经营权以不同的方式流转出去了。该村的村民委员会是土地承包合同的发包方，而发包方在每一种流转方式中承担的职责是不同的。村民委员会在处理各种方式的土地承包经营权流转中要遵循哪些原则？

解析

国家允许土地经营权流转,但是要遵循一定的原则。这些原则是处理农村土地经营权流转的底线,有助于村民委员会干部处理因土地经营权流转产生的矛盾。

根据《民法典》第339条,《农村土地承包法》第38条、第39条,以及《农村土地经营权流转管理办法》(农业农村部令2021年第1号)第2条、第3条、第4条的规定,土地经营权流转的原则主要有5项:

(1)依法、自愿、有偿,任何组织和个人不得强迫或者阻碍土地经营权流转;

(2)不得改变土地所有权的性质和土地的农业用途,不得破坏农业综合生产能力和农业生态环境;

(3)流转的期限不得超过承包期的剩余期限;

(4)受让方须有农业经营能力或者资质;

(5)在同等条件下,本集体经济组织成员享有优先权。

▶ 13. 村民转让土地承包经营权的,村民委员会要注意哪些问题

案例

某村村民张某去城市打工,现在在城市里做起了小生意,将家人也接到城市生活了,所以张某打算把承包的土地转让出去。张某的初中同学小李是邻村的,知道后就准备接手。二人协商后,张某打算将承包地以低于行情的价格转给小李。张某的邻居知道后,找到村民委员会说,他也想接手张某的承包地。村民委员会应如何处理?

解析

《农村土地承包法》第34条规定:“经发包方同意,承包方可以将全

部或者部分的土地承包经营权转让给本集体经济组织的其他农户，由该农户同发包方确立新的承包关系，原承包方与发包方在该土地上的承包关系即行终止。”因此，张某如果打算将自己的土地承包经营权转让出去，需要满足几个条件：

第一，应当经过发包方同意。张某想转让承包地，需要向村民委员会申请，并且要经村民委员会同意。之所以这样规定，是因为一旦转让生效后，原承包人与发包人之间就没有关系了，而接受转让的受让人与发包方建立起承包关系。

第二，土地承包经营权转让只限于本集体经济组织的其他农户。在上述案例中，张某不能将承包地转让给邻村的同学，只能转让给本村的其他农民。

第三，土地承包经营权转让后，受让方的农户与发包方建立承包关系，原来的承包方则退出承包关系。张某在转让承包地之后，他就不再是承包户了。

另外，根据《民法典》第335条、《农村土地承包法》第35条的规定，土地承包经营权转让的，当事人可以向登记机构申请登记。未经登记的，不得对抗善意第三人。假如张某将承包地转让给本村的王某，但两人并没有进行登记，张某事后又将土地经营权租给了另外一个农户陈某，陈某就是善意第三人，王某不得以自己才是承包人为由收回承包地。

▶ *14*. 村民流转土地经营权，都有哪些形式

案例

张某所在地区以盛产蜜桃而出名，一家农业种植公司来到这里，打算从农户手中租地实现规模经营。张某的邻里看到条件丰厚，纷纷与公司签订了土地经营权的租赁合同，而张某却表示，自己想把土地经营权作价出资，成为公司的股东。张某可以这样做吗？

解析

根据《民法典》第339条、《农村土地承包法》第36条的规定,承包方可以自主决定依法采取出租、入股或者其他方式向他人流转土地经营权,并向发包方备案。因此,张某可以将土地经营权作价入股,成为公司的股东。

根据《农村土地经营权流转管理办法》第14条、第15条、第16条的规定,流转土地经营权有以下几种形式:

出租,是指承包方将部分或者全部土地经营权,租赁给他人从事农业生产经营。

入股,是指承包方将部分或者全部土地经营权作价出资,成为公司、合作经济组织等的股东或者成员,并用于农业生产经营。承包方自愿将土地经营权入股公司发展农业产业化经营的,可以采取优先股等方式降低承包方风险。公司解散时入股土地应当退回原承包方。

其他方式,是指新出现的其他流转方式,如建立"农村土地银行",农村土地银行可以采取合作社的组织形式,由村民把承包地"零存"进合作社,合作社"整贷"给农业大户发展规模经营。

土地经营权流转,承包方与发包方的土地承包关系是不变的,受让方是与承包人建立合同关系,而不是与发包人建立关系,这是土地经营权流转与土地承包经营权转让最大的不同。

15. 出租土地经营权时,村民委员会应当了解的规定有哪些

案例

张某常年外出打工,家里的地以前由父母照管,现在父母年纪大了,干不了农活,他就想把承包地租出去。对于出租土地经营权的情况,村民委员会应当注意哪些法律规定?

解析

根据《农村土地承包法》第 36 条的规定，承包方以出租的方式流转土地经营权的，向发包方备案。

《农村土地经营权流转管理办法》第 14 条、第 15 条规定，出租，是指承包方将部分或者全部土地经营权，租赁给他人从事农业生产经营。出租土地经营权后，原土地承包关系不变，原承包方继续履行土地承包合同规定的权利和义务。

采取出租承包地这种流转方式的，村民委员会应当注意以下几点：

第一，根据《农村土地承包法》第 38 条的规定，出租承包地应当符合法律规定的五个原则，即依法、自愿、有偿，任何组织和个人不得强迫或者阻碍土地经营权出租；不得改变土地所有权的性质和土地的农业用途，不得破坏农业综合生产能力和农业生态环境；出租期限不得超过承包期的剩余期限；受让方须有农业经营能力或者资质；在同等条件下，本集体经济组织成员享有优先权。

第二，根据《农村土地承包法》第 42 条、《农村土地经营权流转管理办法》第 20 条的规定，出租承包地，双方应当签订书面的流转合同。如果受让方有下列情形之一的，即擅自改变土地的农业用途，弃耕抛荒连续两年以上，给土地造成严重损害或者严重破坏土地生态环境，或其他严重违约行为的，承包人有权单方解除流转合同。

第三，根据《农村土地承包法》第 39 条的规定，出租承包地的价款，由双方当事人协商确定，出租的收益归承包方所有，村民委员会或其他组织和个人不得截留、扣缴。

第四，根据《农村土地承包法》第 41 条的规定，土地经营权租赁期限在 5 年以上的，当事人可以向登记机构申请土地经营权登记。未经登记，不得对抗善意第三人。

第五，根据《农村土地经营权流转管理办法》第 33 条的规定，出租土地经营权发生纠纷的，当事人可以协商解决，也可以请求村民委员会、乡镇人民政府进行调解。当事人不愿意协商、调解或者协商、调解不成的，可以向农村土地承包仲裁机构申请仲裁，也可以直接向人民法院提起诉讼。

▶ 16. 发包荒山，村民委员会应该注意什么

案例

随着国家乡村振兴战略的提出，某村村民大会经讨论后决定将村里的荒山发包出去，既能实现经济效益，还能改善生态环境。村民委员会如果执行村民大会的决定，对外发包荒山，应该注意哪些规定？

解析

《农村土地承包法》第 48 ~ 54 条规定，村民委员会发包荒山应当符合以下要求：

第一，不宜采取家庭承包方式的荒山、荒沟、荒丘、荒滩等农村土地，可以通过招标、拍卖、公开协商等方式进行承包。

通过招标等方式承包农村土地的，应当签订承包合同，承包方取得土地经营权。当事人的权利和义务、承包期限等，由双方协商确定。以招标、拍卖方式承包的，承包费通过公开竞标、竞价确定；以公开协商等方式承包的，承包费由双方议定。

第二，承包荒山、荒沟、荒丘、荒滩的，应当遵守有关法律、行政法规的规定，防止水土流失，保护生态环境。

第三，承包荒山等"四荒地"的，在同等条件下，本集体经济组织成员有权优先承包。

第四，发包方将农村土地发包给本集体经济组织以外的单位或者个人承包，应当事先经本集体经济组织成员的村民会议 2/3 以上成员或者

2/3 以上村民代表的同意,并报乡(镇)人民政府批准。由本集体经济组织以外的单位或者个人承包的,应当对承包方的资信情况和经营能力进行审查后,再签订承包合同。

第五,通过招标、拍卖、公开协商等方式承包荒山,经依法登记取得权属证书的,可以依法采取出租、入股、抵押或者其他方式流转土地经营权。

第六,通过招标、拍卖、公开协商等方式取得土地经营权的,该承包人死亡,其应得的承包收益,依照《民法典》的规定继承;在承包期内,其继承人可以继续承包。

▶ 17. 妇女婚姻关系变动对土地承包有什么影响

案例

阿涛是某村村民,2000 年与另一村的阿丽结婚,婚后共同承包了阿涛所在村的土地。2010 年两人离婚,离婚后阿丽回娘家居住,阿涛外出打工将承包地出租给其他村民,收益没有给阿丽,阿丽在自己村也没有分得承包地。现在阿丽找阿涛所在村村民委员会,要求阿涛将租金分给自己。村民委员会应如何调解?

解析

保护妇女的权益在我国很多法律中都有体现,任何组织和个人不能以离婚、丧偶等为由,侵害妇女在农村集体经济组织中的各项权益。阿丽是在承包期内离婚的,但她离婚后就搬回了娘家居住,在新居住地所在村也没有取得承包地,那么阿涛所在村集体经济组织则不能收回原先发包给阿丽的承包地。《民法典》第 1087 条规定:“离婚时,夫妻的共同财产由双方协议处理;协议不成的,由人民法院根据财产的具体情况,按照照顾子女、女方和无过错方权益的原则判决。对夫或者妻在家庭土地承包经营中享有的权益等,应当依法予以保护。”《农村土地承包法》第 31 条规定:“承包期内,妇女结婚,在新居住地未取得承包地的,发包方不得收回其原承包地;妇女离婚或者丧偶,仍在原居住地生活或者不在原居住地生活但在新居住地未取得承包地的,发包方不得收回其原承包地。”

阿丽和阿涛是以夫妻身份共同承包的,如果在承包期内离婚,则双方要对承包经营的各项内容做好约定。如果在法院打这类离婚官司,那么法院会根据双方的具体情况对承包经营权进行分割,保障阿丽享有她该享有的承包地。

村民委员会的调解委员会也应当遵循这样的原则,将承包地出租的收益根据双方的具体情况进行分割,促成双方达成协议。不过,村民委员会并没有强制进行分割的权利,如果调解不成,应及时告诉阿丽可以用法律方式维护自己的合法权益。

二、宅基地及房屋

▶ 1. 新生儿落户本村后，其家人以其名义申请宅基地的，村民委员会应如何处理

案例

某村村民李某有两个儿子，大儿子大李结婚后，与父母分户，但仍旧共同居住。大李儿子出生后，大李想与父母分家，单独居住，大李就以他儿子的名义向村民委员会申请一处宅基地，而村民委员会认为应当以大李的名义申请。村民委员会的观点是否合适？

解析

我国实行“一户一宅”政策，根据《土地管理法》第 62 条的规定，农村村民一户只能拥有一处宅基地，面积不得超过省、自治区、直辖市规定的标准。那么，怎么才算一户呢？根据《关于执行户口登记条例的初步意见》第 4 部分第 1 条、第 8 条的规定，农村居民以住家户为单位立户，户主一般为成年人。未成年人在特定条件下可以单独立户，即共同居住人为常住人口时以共同居住人为户主，共同居住的人不是常住人口时，才由未成年人担任户主。

大李的儿子刚出生，是无民事行为能力的未成年人，必须与大李夫妇共同生活，不能单独立户。所以根据一户一宅的规定，不能以大李儿子的名义申请宅基地。大李是户主，应以自己的名义申请宅基地。所以村民委员会的观点是正确的。

根据《村庄和集镇规划建设管理条例》第18条的规定,农村村民在村庄、集镇规划区内建住宅的,应当先向村集体经济组织或者村民委员会提出建房申请,经村民会议讨论通过后,按照下列审批程序办理:(1)需要使用耕地的,经乡级人民政府审核、县级人民政府建设行政主管部门审查同意并出具选址意见书后,方可依照《土地管理法》向县级人民政府土地管理部门申请用地,经县级人民政府批准后,由县级人民政府土地管理部门划拨土地;(2)使用原有宅基地、村内空闲地和其他土地的,由乡级人民政府根据村庄、集镇规划和土地利用规划批准。因此,对村民申请宅基地的申请,村民委员会要及时受理审查,对符合条件的进行公示,无异议后及时上报。

2. 村民在宅基地外增建房屋,村民委员会该怎么处理

案例

某村在新村规划前,小张家的宅基地面积比规定的标准少了1/5,小张家旁边正好是一片空地,后来小张就在空地上盖了一间房子。现在要进行新村规划,村民委员会要求小张拆除这间房子,但是小张认为自己的宅基地比别人的少,这么做是理所当然的,坚决不拆。村民委员会该如何处理?

解析

小张的行为确实属于违法占用土地盖房子。当然,小张的宅基地达不到标准,村民委员会本应该根据情况对小张的宅基地进行调剂。现在小张盖房子已成事实,根据中央农村工作领导小组办公室、农业农村部《关于进一步加强农村宅基地管理的通知》(中农发〔2019〕11号)第3条的规定,农村村民应严格按照批准面积和建房标准建设住宅,禁止未批先建、超面积占用宅基地。小张增建住房后的宅基地面积如果已经超过当地规定面积标准的,经依法处置后,按照原国土资源部、中央农村工作领导

小组办公室、财政部、原农业部印发的《关于农村集体土地确权登记发证的若干意见》(国土资发〔2011〕178 号)第 7 条的规定办理登记,即:1982 年《村镇建房用地管理条例》实施前,农村村民建房占用的宅基地,在《村镇建房用地管理条例》实施后至今未扩大用地面积的,可以按现有实际使用面积进行确权登记;1982 年《村镇建房用地管理条例》实施起至 1987 年《土地管理法》实施时止,农村村民建房占用的宅基地,超过当地规定的面积标准的,超过部分按当时国家和地方有关规定处理后,可以按实际使用面积进行确权登记;1987 年《土地管理法》实施后,农村村民建房占用的宅基地,超过当地规定的面积标准的,按照实际批准面积进行确权登记。其面积超过各地规定标准的,可在土地登记簿和土地权利证书记事栏内注明超过标准的面积,待以后分户建房或现有房屋拆迁、改建、翻建、政府依法实施规划重新建设时,按有关规定作出处理,并按照各地规定的面积标准重新进行确权登记。

▶ 3. 村民申请到的宅基地空置了一段时间,村民委员会能否收回

案例

某村老张的儿子结婚成家后,还一直和父母住一起,孙子辈出生后,家里人口多住不开,于是向村民委员会申请了一块新的宅基地,已经批下来了。但是老张父子俩都在外打工,一直没空盖新房子,转眼过去两年了,新的宅基地还空着。另一村民老刘也申请了新的宅基地,但村民委员会批的地比较偏。老刘认为,老张家的新宅基地批下来长期空置,应该转给自己。村民委员会该如何解决?

解析

《确定土地所有权和使用权的若干规定》第 52 条规定,空闲或房屋

坍塌、拆除两年以上未恢复使用的宅基地,不确定土地使用权。已经确定使用权的,由集体报经县级人民政府批准,注销其土地登记,土地由集体收回。老张家的宅基地闲置两年,一直没有盖房子,就不能确认老张家有这块土地的使用权。因此,村民委员会有权收回并重新分配。

另外,建设用地规划许可证上也标示了许可证的有效期限,各个地方规定的期限不同,老张要清楚了解自己的许可证期限,根据当地的具体规定确定自己的许可证是否过期。如果过期了要重新审批,但是否能取得原先批准的那块宅基地,就要根据村内宅基地的使用情况决定。

▶ 4. 村民进城落户后能否继续保留宅基地

案例

某村的村民张某早些年进城打工,生活条件好了之后就在城里买了房,将妻儿老小都接到了城里生活,村里的老宅就没人住了。有村民向村民委员会提出,张某一家都已经进城生活了,宅基地应当收回。村民委员会可以收回张某家的宅基地吗?

解析

村民委员会不能收回张某的宅基地,进城落户的村民可以依法保留其原来合法取得的宅基地使用权。

中共中央、国务院《关于坚持农业农村优先发展做好"三农"工作的若干意见》(中发〔2019〕1号)曾明确提出,"坚持保障农民土地权益、不得以退出承包地和宅基地作为农民进城落户条件",因此,不能强迫进城落户农民放弃其合法取得的宅基地使用权。在此之前,原国土资源部《关于进一步加快宅基地和集体建设用地确权登记发证有关问题的通知》(国土资发〔2016〕191号)也规定,"农民进城落户后,其原合法取得的宅基地使用权应予以确权登记"。

▶ 5. 子女要求继承老人宅基地的，村民委员会应如何处理

案例

某村的村民王某有一儿一女，他们都已在城市里工作落户。王某原有的宅基地因为泥石流被毁，他又向村里申请一块宅基地，并已经批下来了。正准备盖房子的时候，王某就去世了。他的儿女要求继承这块宅基地继续盖房子，其他村民则认为村里的宅基地本来就紧张，他们都不是村里的人了，不能再占宅基地了。村民委员会应如何处理？

解析

城镇居民不能单独继承农村宅基地使用权。

《自然资源部对十三届全国人大三次会议第3226号建议的答复》（自然资人议复字〔2020〕089号）中明确提出："六、关于农村宅基地使用权登记问题。农民的宅基地使用权可以依法由城镇户籍的子女继承并办理不动产登记。根据《继承法》规定，被继承人的房屋作为其遗产由继承人继承，按照房地一体原则，继承人继承取得房屋所有权和宅基地使用权，农村宅基地不能被单独继承。《不动产登记操作规范（试行）》明确规定，非本农村集体经济组织成员（含城镇居民），因继承房屋占用宅基地的，可按相关规定办理确权登记，在不动产登记簿及证书附记栏注记'该权利人为本农民集体经济组织原成员住宅的合法继承人'。"

宅基地属于农民集体经济组织所有，村民只有使用权而没有所有权。基于宅基地的房屋属于村民所有，村民去世后可以由其继承人继承。根据"地随房走"的原则，继承人得以继续使用房屋所占的宅基地。但案例中，王某所使用的宅基地上还没有盖房子，村里应该将宅基地收回。其儿女不能继承宅基地。

三、村庄规划及房屋建设

1. 村庄规划方案未公开,遭到村民抵制怎么办

案例

某村的村民散落居住在耕地四周。为了更高效地利用土地,发展本村经济,村民委员会认为应该让村民集中居住,就向乡政府做了汇报。乡政府也认可村民委员会的想法,着手编制村庄规划,并报经县政府批准。

村庄规划方案批准后,村民委员会开始动员村民搬迁,但遭到了村民的抵制,因为他们根本不了解村庄规划的具体内容,对公布的村庄规划结果也不满意。村民委员会动员工作做不动也开始犯难了。

解析

编制村庄规划应当从农村实际出发,必须尊重村民意愿,体现农村特色,并严格遵守法律法规规定的程序。根据《村庄和集镇规划建设管理条例》第14条第2款、《城乡规划法》(2019年4月修正)第22条的规定,村庄规划在报送审批前,应当经村民会议或者村民代表会议讨论同意。而案例中的村庄规划显然没有经过村民会议或者村民代表大会讨论同意就直接报批了。

根据《城乡规划法》第58条的规定,"对依法应当编制城乡规划而未组织编制,或者未按法定程序编制、审批、修改城乡规划的,由上级人民政府责令改正,通报批评;对有关人民政府负责人和其他直接责任人员依法给予处分"。

案例中，应当召开村民会议或村民代表会议对村庄规划方案提出修改意见，根据报批程序重新进行报批。

▶ 2. 村民委员会建老年活动中心需要占用集体土地时，应注意哪些程序

案例

某村为了落实国家养老政策，要在村里修建一处老年活动中心，丰富老年人的生活。经过村民代表会议讨论，选定了村内一块空地建老年活动中心。村民委员会是否要履行报批手续？

解析

村民委员会打算修建的老年活动中心，属于乡村公益事业建设，依照《城乡规划法》第41条第1款的规定要履行审批手续。第一步，建设单位，即村民委员会，应当向乡、镇人民政府提出申请；第二步，由乡、镇人民政府报城市、县人民政府城乡规划主管部门核发乡村建设规划许可证。应特别注意，案例中，计划修建的老年活动中心没有占用农用地，如果确实需要占用农用地时，需要依照《土地管理法》的有关规定办理农用地转用审批手续后，再由城市、县人民政府城乡规划主管部门核发乡村建设规划许可证。建设单位在取得乡村建设规划许可证后，方可办理用地审批手续。

如果建设单位没有依法取得乡村建设规划许可证或者没有按照乡村建设规划许可证的规定进行建设，那么按照《城乡规划法》第65条的规定，由乡、镇人民政府责令停止建设、限期改正；逾期不改的，可以拆除。

▶ 3. 村民委员会筹资筹劳修建道路时要注意哪些问题

案例

某村贯通村内的一条要道,使用多年已经变得坑坑洼洼。为了方便村民出行,村民委员会决定对这条路进行整修。这条路属于村内道路,没有财政支持,因此,村民委员会号召村民有钱出钱、有力出力,共同修路。

解析

(1)村民委员会在这件事上,要注意哪些程序问题

不属于财政支持项目的道路修建、基本农田水利建设等可以通过一事一议筹资筹劳来实施。案例中,村民委员会可以向村民号召筹资筹劳整修道路,不过必须遵守法定的程序。根据《农业法》第73条、《村民一事一议筹资筹劳管理办法》第2部分的规定,需要村民出资出劳的修路事项,应当经村民会议或者经村民会议授权由村民代表会议讨论通过。村民会议所做筹资筹劳方案应当经到会人员的过半数通过。村民代表会议表决时按一户一票进行,所做方案应当经到会村民代表所代表的户过半数通过。

会议表决后形成的筹资筹劳方案,由参加会议的村民或者村民代表签字。筹资筹劳方案报经乡镇人民政府初审后,报县级人民政府农民负担监督管理部门复审。对符合《村民一事一议筹资筹劳管理办法》规定的,县级人民政府农民负担监督管理部门应当在收到方案后的7个工作日内予以答复;对不符合筹资筹劳适用范围、议事程序以及筹资筹劳限额标准的,县级人民政府农民负担监督管理部门应当及时提出纠正意见。

对经审核的筹资筹劳事项、标准、数额,乡镇人民政府应当在省级人

民政府农民负担监督管理部门统一印制或者监制的农民负担监督卡上登记。农民负担监督卡分发到农户，并张榜公布筹资筹劳的事项、标准、数额。

地方人民政府农民负担监督管理部门应当将筹资筹劳纳入村级财务公开内容，并对所筹集资金和劳务的使用情况进行专项审计。

(2)村民委员会在筹集和管理资金时要注意哪些问题

某村要修的村内道路，需要资金也需要劳动力，要保持平衡，不能过分筹资而不筹劳，不能强行要求村民以资代劳。村民自愿以资代劳的，由本人或者其家属向村民委员会提出书面申请，可以以资代劳。以资代劳工价标准由省级人民政府农民负担监督管理部门根据不同地区的实际情况提出，报经省级人民政府批准后予以公布。《村民一事一议筹资筹劳管理办法》第 3 部分第 14 条规定，筹集的资金应单独设立账户、单独核算、专款专用。村民民主理财小组负责对筹资筹劳情况实行事前、事中、事后全程监督。筹资筹劳的管理使用情况经民主理财小组审核后，定期张榜公布，接受村民监督。根据国务院办公厅《关于进一步做好减轻农民负担工作的意见》(国办发〔2012〕22 号)的要求，从 2013 年开始，一事一议筹资筹劳限额标准按绝对数额确定。自愿以资代劳的，要严格控制数量、比例及工价标准，防止用自愿以资代劳名义变相向农民筹资。村民甚至村民委员会在遇到不合法的筹资筹劳时，根据《村民一事一议筹资筹劳管理办法》第 3 部分第 15 条的规定，有权拒绝违反规定的筹资筹劳要求，并向乡镇人民政府及县级以上地方人民政府农民负担监督管理部门举报。

4. 村民申请建房的,村民委员会需要做好哪些工作

案例

老张原籍在某村,20岁时去了城市里一家国企工作,如今退休后,他想回原籍居住。但农村的老宅子成为危房后被拆掉了,宅基地也已经被收回,所以老张向村民委员会申请重新盖房子。村民委员会应如何处理?

解析

法律规定,回原籍居住的职工、退休干部等,要在村庄规划区内建住宅的,需要履行相应的审批手续。根据《村庄和集镇规划建设管理条例》第18条的规定,村民委员会要做的事情具体包括:第一步,申请人应当先向村集体经济组织或者村民委员会提出建房申请,经村民会议讨论;第二步,村民会议讨论通过后,使用村内空闲地和其他土地的,由乡级人民政府根据村庄、集镇规划和土地利用规划批准。

如果村内没有空闲土地,要占用耕地的,需要先经乡级人民政府审核、县级人民政府建设行政主管部门审查同意并出具选址意见书后,再依照《土地管理法》向县级人民政府土地管理部门申请用地,经县级人民政府批准后,由县级人民政府土地管理部门划拨土地。

5. 村民将房屋卖给了外村村民,买卖协议无效,村民委员会应如何调解

案例

某村距离城市很近,老李是一名作家,为了方便写作,打算在该村买一处房子。该村村民老张全家搬到城市生活后,房子一直空着,于是老李和老张签订了房屋买卖协议。老李搬进了房子,并且将房子进行了翻修。现在有人传言村里要拆迁,老张就想要回房子,于是找到了村民委员会。

村民委员会应如何处理？

解析

农民对宅基地上的房屋有所有权，可以买卖房屋，但是《土地管理法》第9条明确规定，农村宅基地属于农民集体所有，农民对于农村宅基地只有使用权而没有所有权。因此，由于房地不分的属性，根据国务院办公厅《关于严格执行有关农村集体建设用地法律和政策的通知》（国办发〔2007〕71号）的要求，农民不能将房屋卖给非本集体组织的其他人，例如城镇居民或者其他村的村民，城镇居民也不得在农村购买宅基地、农民住宅或“小产权房”。案例中，老李是城镇居民，不能购买老张的房子。因此，两人签订的协议不合法，是无效的。

在这种情况下，村民委员会可以从中调解，应当要求老李退还房屋，老张退还价款。同时，根据《民法典》有关合同效力的法律规定，老张要把老李翻修房屋花费的钱补偿给老李。

6. 继承老人自有房屋发生纠纷，村民委员会应如何处理

案例

某村一位老人过世后，因遗产纠纷引起三个儿子的争执。老人生前有一间房屋，该房屋在其大儿子的宅基地上，老人一直居住在该房间，直至去世。当年，大儿子在翻修自家房屋时，并没有动老人的这个房间，当时家里人口头约定该间房属于老人所有，但也并没有书面凭证。老人去世前没有立遗嘱，老人去世后，大儿子认为这间房是自家宅基地上房屋的一部分，现在老人去世了，这间房理应是自己的。另外两个儿子不同意，找到村民委员会。村民委员会该如何处理？

解析

对于这类历史遗留问题,村民委员会应当尊重历史,立足现实进行调解。宅基地是以大儿子之名申请的,老人居住的房间属于老人所有,从口头约定和事实上都能说明这一点。所以,这间房可以认定是老人的遗产,应该为第一顺位继承人所继承,老人的三个儿子都有继承权。但房间是固定资产,不能移动,根据《民法典》第 1156 条的规定,“遗产分割应当有利于生产和生活需要,不损害遗产的效用。不宜分割的遗产,可以采取折价、适当补偿或者共有等方法处理”。因此建议将房间折价,由大儿子补偿给另外两个儿子。具体数额可在一般买卖价格的基础上协商。

调解达成一致后,村民委员会应制作调解协议书,让所有当事人签字,避免日后因为这件事再产生其他纠纷。

7. 村民委员会因拆迁补偿费问题与村民发生纠纷的,该怎么处理

案例

某村的一片土地因市政规划建设道路要被征收。征地方案公告后,村民办理了征地补偿登记,但是道路都开始修了,征地补偿、安置费用仍迟迟没有分配给村民。村民屡次找村民委员会,还是没有拿到补偿款,有些村民自发阻止施工。村民委员会应如何处理?

解析

(1)征收土地的法定程序

根据《土地管理法》第 47 条、《土地管理法实施条例》第 25 条的规定,县级以上地方人民政府拟申请征收土地的,应当开展拟征收土地现状调查和社会稳定风险评估,并将征收范围、土地现状、征收目的、补偿标准、安置方式和社会保障等在拟征收土地所在的乡(镇)和村、村民小组

范围内公告至少30日，听取被征地的农村集体经济组织及其成员、村民委员会和其他利害关系人的意见。

多数被征地的农村集体经济组织成员认为征地补偿安置方案不符合法律、法规规定的，县级以上地方人民政府应当组织召开听证会，并根据法律、法规的规定和听证会情况修改方案。

拟征收土地的所有权人、使用权人应当在公告规定期限内，持不动产权属证明材料办理补偿登记。县级以上地方人民政府应当组织有关部门测算并落实有关费用，保证足额到位，与拟征收土地的所有权人、使用权人就补偿、安置等签订协议；个别确实难以达成协议的，应当在申请征收土地时如实说明。

征收土地的各项费用应当自征地补偿、安置方案批准之日起3个月内全额支付。

被征地的农村集体经济组织应当将征收土地的补偿费用的收支状况向本集体经济组织的成员公布，接受监督。

（2）征收土地的补偿

《土地管理法》第48条规定，征收土地应当给予公平、合理的补偿，保障被征地农民原有生活水平不降低、长远生计有保障。

征收土地应当依法及时足额支付土地补偿费、安置补助费以及农村村民住宅、其他地上附着物和青苗等的补偿费用，并安排被征地农民的社会保障费用。

征收农用地的土地补偿费、安置补助费标准由省、自治区、直辖市通过制定公布区片综合地价确定。制定区片综合地价应当综合考虑土地原用途、土地资源条件、土地产值、土地区位、土地供求关系、人口以及经济社会发展水平等因素，并至少每三年调整或者重新公布一次。

征收农用地以外的其他土地、地上附着物和青苗等的补偿标准，由省、自治区、直辖市制定。对其中的农村村民住宅，应当按照先补偿后搬迁、居住条件有改善的原则，尊重农村村民意愿，采取重新安排宅基地建房、提供安置房或者货币补偿等方式给予公平、合理的补偿,并对因征收造成的搬迁、临时安置等费用予以补偿,保障农村村民居住的权利和合法的住房财产权益。

县级以上地方人民政府应当将被征地农民纳入相应的养老等社会保障体系。被征地农民的社会保障费用主要用于符合条件的被征地农民的养老保险等社会保险缴费补贴。被征地农民社会保障费用的筹集、管理和使用办法,由省、自治区、直辖市制定。如果征地补偿、安置方案还没有批准,各项费用无法支付。所以村民委员会应当代表村民利益,积极向上级反映这一情况。但是,征地补偿、安置争议不影响征收土地方案的实施。

法律禁止侵占、挪用被征收土地单位的征地补偿费用和其他有关费用,如果村民委员会成员侵占、挪用了征地补偿费等费用的,根据全国人民代表大会常务委员会《关于〈中华人民共和国刑法〉第九十三条第二款的解释》(2009 年修正)可能会构成贪污罪、挪用公款罪。

8. 村民委员会可否强制要求土地互换

案例

某村的小李承包了村西的一块土地,后来小李又租种了老郑家的承包地,小李的承包地和老郑的承包地中间隔着老王的承包地,为了耕种方便,小李找老王商量,将两家的地互换,但老王并不想换。小李认为,自己的承包地质量比老王的好,亩产比老王的高,老王有啥不想换的?因此,小李找到村民委员会,希望村民委员会出面说服老王。村民委员会也认为换地对双方都好,尽管老王不同意,村民委员会还是决定让两家换地。村民委员会的做法有法律依据吗?

解析

村民委员会是不能强迫农民互换承包地的。《农村土地承包法》第

33 条规定，承包方之间为方便耕种或者各自需要，可以对属于同一集体经济组织的土地承包经营权进行互换，互换后需要向发包方备案。但是，该法第 60 条同时规定，任何组织和个人强迫进行土地承包经营权互换、转让或者土地经营权流转的，该互换、转让或者流转无效。

尽管小李和村民委员会都认为换地对两家都好，但是只要老王不同意，谁都不能强迫其换地。

第三篇
促进生产经营与保护环境

一、农业生产

▶ 1. 村集体资产都有哪些

案例

农村集体资金、资产、资源(以下简称“三资”)管理涉及广大农民的根本利益。近日,有村民向村“两委”班子成员反映,说治保主任的侄子用较低的价格承包了村里的荒地,引起了大家的不满。又有人提出,村里的“三资”到底有多少,很多村民都不知道。就拿发生纠纷的这块荒地来说,大家只知道那片荒地种植了很多林木,至于多大面积都没有记载。像这样的情况在村里还有一些。那么,哪些村集体资产应该被统计进来呢?

解析

《宪法》第9条第1款规定:“矿藏、水流、森林、山岭、草原、荒地、滩涂等自然资源都属于国家所有,即全民所有;由法律规定属于集体所有的森林和山岭、草原、荒地、滩涂除外。”

根据中共中央、国务院《关于稳步推进农村集体产权制度改革的意见》(2016年)第一部分第2条的规定,“农村集体资产包括农民集体所有的土地、森林、山岭、草原、荒地、滩涂等资源性资产,用于经营的房屋、建筑物、机器设备、工具器具、农业基础设施、集体投资兴办的企业及其所持有的其他经济组织的资产份额、无形资产等经营性资产,用于公共服务的教育、科技、文化、卫生、体育等方面的非经营性资产。这三类资产是农村集体经济组织成员的主要财产,是农业农村发展的重要物质基础”。

该意见第3部分第7条规定:“明确集体资产所有权。在清产核资基础上,把农村集体资产的所有权确权到不同层级的农村集体经济组织成员集体,并依法由农村集体经济组织代表集体行使所有权。属于村农民集体所有的,由村集体经济组织代表集体行使所有权,未成立集体经济组织的由村民委员会代表集体行使所有权;分别属于村内两个以上农民集体所有的,由村内各该集体经济组织代表集体行使所有权,未成立集体经济组织的由村民小组代表集体行使所有权;属于乡镇农民集体所有的,由乡镇集体经济组织代表集体行使所有权。有集体统一经营资产的村(组),特别是城中村、城郊村、经济发达村等,应建立健全农村集体经济组织,并在村党组织的领导和村民委员会的支持下,按照法律法规行使集体资产所有权。集体资产所有权确权要严格按照产权归属进行,不能打乱原集体所有的界限。”

2. 村民委员会要在哪些方面加强对农村集体资产的管理

案例

某村换届选举后,新上任的村民委员会领导班子打算把村里的集体资产进行整理、建档,集中清理。该村村民委员会在落实这项工作时要注意哪些政策规定呢?

解析

原农业部《关于进一步加强农村集体资金资产资源管理指导的意见》(农经发〔2009〕4号)明确了农村集体经济组织要强化民主管理和民主监督,推进农村集体经济管理方式创新。其中,从四个方面规范了农村集体经济组织应落实的政策,该村村民委员会可以根据这四个方面的内容调整工作方式和规范服务态度:

(1)强化民主管理和民主监督。民主管理和民主监督是加强集体资金、资产和资源管理的基础,是完善集体经济组织管理体制和机制的重要方面。集体经济组织的年度财务预算和决算,年度收益分配方案,集体资金、资产、资源经营方式的确定及变更,购置或者处分重要固定资产,重大投资项目或举债,集体经济组织产权制度改革,以及其他有关集体资金、资产、资源管理的重大事项,都要依法召开本集体经济组织成员的全体村民会议或村民代表会议,履行民主程序。集体经济组织应当定期向本集体经济组织成员公布资金、资产、资源运营情况,听取本集体经济组织成员对集体资金、资产、资源管理工作的意见和建议,接受全体成员的监督。村务公开监督小组或者民主理财小组应当对集体资金、资产、资源管理的事项进行监督,对集体资金、资产、资源的使用、维护和收益分配不当的提出整改意见。

(2)推进农村集体经济组织产权制度改革。要稳妥推进集体经济组织产权制度改革,探索集体经济的有效实现形式。有条件但还未开展集体经济组织产权制度改革的地方,要加强调查研究,有计划地开展试点工作;已实行产权制度改革的集体经济组织,要建立健全股东大会或股东代表大会、董事会、监事会等机构,强化内部控制机制,完善经营管理制度,确立激励和约束相结合的运行机制。

(3)发展农民新的联合与合作。鼓励和支持集体经济组织利用资金、资产和资源,以入股、合作、租赁、专业承包等形式,与承包大户、技术能人、企业、技术服务机构等进行联合和合作,实现多元化、多层次、多形式经营,发展和壮大集体经济实力,增强集体经济组织服务功能。

(4)完善会计委托代理制。要在坚持民主自愿和集体资产所有权、使用权、审批权和收益权不变原则的基础上,进一步完善会计委托代理制。加强会计委托代理机构的建设,科学设置代理机构岗位,健全内部管理监督制度,规范代理服务工作流程,防止截留挪用集体资金。会计委托代理机构应当定期向集体经济组织报告账务代理工作情况,切实发挥服务、监督的职责。积极探索创新农村集体资金、资产、资源管理服务方式。

3. 如何依法处理闲置的农用设备

案例

某村被列入城镇化改造范围,村土地也被批准转为建设用地,该村集体经济组织还有一些农业生产用的资产,如拖拉机、脱粒机、收割机等。这些财产该如何处理?

解析

集体经济组织的资产属于集体所有,集体经济组织代表其成员行使农村集体资金、资产、资源管理职责。

该村未来要实现城镇化,农业生产已经不是主业,村集体资产管理、处置要制定一套长远的规划。根据原农业部《关于进一步加强农村集体资金资产资源管理指导的意见》第2部分第2条"(二)健全农村集体资产管理制度"的规定,该村应当建立集体资产管理制度,根据制度规定,处置集体资产。制度内容包括:

(1)资产清查制度。定期进行资产清查,重点清查核实集体经济组织所有的各种资产、负债和所有者权益,做到账实、账款相符。

(2)资产台账制度。集体所有的房屋、建筑物、机器、设备、工具、器具和农业基本建设设施等固定资产,要按资产的类别建立固定资产台账,及时记录资产增减变动情况。资产台账的内容主要包括:资产的名称、类别、数量、单位、购建时间、预计使用年限、原始价值、折旧额、净值等。实行承包、租赁经营的,还应当登记承包、租赁单位(人员)名称,承包费或租赁金以及承包、租赁期限等。已出让或报废的,应当及时核销。

(3)资产评估制度。集体经济组织以招标投标方式承包、租赁、出让集体资产,以参股、联营、合作方式经营集体资产,集体经济组织实行产权制度改革、合并或者分设等,应当进行资产评估。评估由农村经营管理部门或具有资质的单位实施。评估结果要按权属关系经集体经济组织成员的全体村民会议或村民代表会议确认。

(4)资产承包、租赁、出让制度。集体资产实行承包、租赁、出让应当制定相关方案,明确资产的名称、数量、用途,承包、租赁、出让的条件及其价格,是否招标投标等事项;同时履行民主程序。集体资产承包、租赁、出让经营时,应当签订经济合同,明确双方的权利、义务、违约责任等,并向全体成员公开。经济合同及有关资料应当及时归档并报乡(镇)农村经营管理站备案。

(5)资产经营制度。集体资产实行承包、租赁、出让经营的,要加强合同履行的监督检查,公开合同履行情况;收取的承包费和租赁金归集体经济组织所有,纳入账内核算。集体经济组织统一经营的资产,要明确经营管理责任人的责任和经营目标,确定决策机制、管理机制和收益分配机制,并向全体成员公开。集体经济组织实行股份制或者股份合作制经营的,其股份收益归集体经济组织所有,纳入账内核算。要定期对集体资产的使用、维护和收益进行检查,确保集体资产的安全和保值增值。

据此,该村要清查资产,建立资产台账,对于闲置、弃用的农用资产,根据资产的实际情况,可以以承包、租赁、出让的方式处置。应当注意,对资产进行评估的,评估结果要按权属关系经村民会议或村民代表会议确认,并备案。所获得的收益归集体所有,账目、分配机制都要公开。

▶ 4. 哪些鼓励、促进农业机械化的法律规定能让村民直接受益

案例

某村村民委员会会议决定,以村集体经济组织名义购置最新的饲料粉碎机和联合收割机各一台。根据法律规定,该村集体经济组织可以享受哪些国家扶持措施?

解析

国家鼓励农业机械化生产。根据《农业机械化促进法》(2018年10月修正)第27条、第28条的规定,该村集体经济组织购买、使用农业机械可以享受到以下扶持措施:

第一,该村集体经济组织购买国家支持推广的先进适用的农业机械可以享受国家财政补贴,这是中央财政和省级财政安排的专项资金。既可以直接获得补贴资金,也可以在贷款时享受利息优惠,具体办法由国务院规定。目前正在实施的是财政部、农业农村部印发的《2021—2023年农机购置补贴实施指导意见》(农办计财〔2021〕8号)。

第二,使用农业机械进行农业生产作业时,享受农业生产作业用燃油的财政补贴。燃油补贴应当向直接从事农业机械作业的农民和农业生产经营组织发放。具体办法由国务院规定。

5. 村集体经济组织安排使用农业机械生产时有哪些注意事项

案例

某村集体经济组织购买了饲料粉碎机和联合收割机后,在使用机械进行农业生产中要注意哪些事情?

解析

该村集体经济组织是购买的农业机械的所有人,在安排操作人员使用中,要依据《农业机械安全监督管理条例》(2019年3月修订)第21条、第31条、第35条、第41条的规定注意以下事项:(1)要对农业机械操作人员及相关人员进行农业机械安全使用教育,提高其安全意识。(2)该村购买的联合收割机在使用前要到农业机械化主管部门申请登记,登记事项有变动的,还要申请变更登记。(3)农业机械化主管部门在安全检验中发现农业机械存在事故隐患后要停止使用并及时排除隐患。(4)危及人身财产安全的农业机械达到报废条件的,应当停止使用,予以报废。县级人民政府农业机械化主管部门对达到报废条件的危及人身财产安全的农业机械,应当书面告知其所有人。(5)农业机械发生事故后,所有人都要配合做好事故处理工作。

▶ 6. 推广农业技术时,村民委员会要承担哪些职责

案例

村民委员会想在全村引进新的栽培技术,鼓励村民用新技术养殖,但是村民不易接受,要求村民委员会承诺承担使用新技术的风险。村民委员会怎么办?

解析

《农业法》第56条规定,国家鼓励农民采用先进的技术,并采取了一系列保障措施。负责推广先进技术的一般是政府、农业类的行业协会、社会组织,但是否使用新技术,是农民和农业生产经营组织自愿决定的,任何个人或单位都不能强迫农民使用新技术。《农业技术推广法》第37条规定,如果强迫农业劳动者、农业生产经营组织应用农业技术,造成损失的,应依法承担赔偿责任。同时,向村民推广的新技术,必须在推广地区经过试验证明具有先进性、适用性和安全性。如果向农业劳动者、农业生产经营组织推广没有经试验证明具有先进性、适用性或者安全性的农业技术,根据该法第36条的规定,造成损失的,应当承担赔偿责任。

村民委员会的职责是推动、帮助村农业技术服务站点和农民技术人员开展工作,所以村民委员会不能给村民承诺承担使用新技术的风险。村民委员会应帮助村民了解新技术,然后由村民自己决定。村民委员会在帮助农业技术服务站推广新技术前应当了解该技术的试验结果。村民

权益因此受损的,村民委员会应当协助村民维权。

▶ 7. 没有建立农产品生产记录会产生什么后果

案例

某村村民委员会号召村民成立了农民专业合作社,实现大豆的规模化生产。按照法律规定,合作社应当建立农产品生产记录。那么,农产品生产记录应当包括哪些内容?没有建立会有什么后果?

解析

农产品生产记录是农产品生产管理的一种重要方式。根据《农产品质量安全法》(2018 年 10 月修正)第 24 条的规定,必须建立农产品生产记录的是农产品生产企业和农民专业合作经济组织。该村村民成立的农民专业合作社,应当建立大豆的生产记录,依照上述法律规定如实记载以下内容:(1)使用农业投入品的名称、来源、用法、用量和使用、停用的日期;(2)动物疫病、植物病虫草害的发生和防治情况;(3)收获、屠宰或者捕捞的日期。农产品生产记录应当保存 2 年。禁止伪造农产品生产记录。《农产品质量安全法》第 47 条规定,如果农产品生产企业、农民专业合作经济组织未建立或者未按照规定保存农产品生产记录,或者伪造农产品生产记录的,责令限期改正;逾期不改正的,可以处 2000 元以下罚款。所以该村农民专业合作社如果没有建立农产品生产记录,则将面临农业行政部门开出的最高 2000 元的罚单。

▶ 8. 被划定为“禁止生产区”后,会给承包人带来哪些影响

案例

某村村北的基本农田被附近化工厂排放的污水污染了,土壤中的有害物质含量已经远远超出允许的标准,不再符合生产质量安全农产品的

要求。因此，县里的农业部门依法将这一片区域划为“农产品禁止生产区”，禁止生产食用农产品，并树立了警示牌。这一片基本农田的承包村民都很紧张，纷纷找到村民委员会，询问禁止生产区是怎么回事？村民委员会应该怎么处理？

解析

首先，来村民委员会询问的村民本身也是受害者，村民委员会在积极帮他们维权的同时，要注意安抚村民们的情绪，合理合法地解释划定为“农产品禁止生产区”会有哪些影响。根据《农产品质量安全法》第15～19条、《农产品产地安全管理办法》的相关规定，农产品产地有毒有害物质不符合产地安全标准，并导致农产品中有毒有害物质不符合农产品质量安全标准的，会被划定为农产品禁止生产区。不过，禁止生产食用农产品的区域可以生产非食用农产品。所以村民可以继续种植农作物，但是只能用于非食用农产品生产。

划定为禁止生产区后，耕地、基本农田的性质不会改变，如果该农用地被征用，征地补偿标准不会降低。

县级以上政府农业部门会对农产品产地污染进行修复、治理。

如果禁止生产区安全状况改善并符合相关标准的，有关部门会依法进行调整。

在禁止生产区同样禁止任何单位和个人的以下违法行为：禁止排放或者倾倒废气、废水、固体废物或者其他有毒有害物质；禁止堆放、贮存、处置工业固体废物；禁止使用国家明令禁止、淘汰的或者未经许可的农业投入品；农产品生产者应当及时清除、回收农用薄膜、农业投入品包装物等，防止污染农产品产地环境。

9. 承包人擅自破坏承包地附近的农田灌溉设施，村民委员会应如何处理

案例

村民张某的承包土地边上有一口机井，能灌溉包括张某在内的15户村民的土地。但是这口机井是村里20多年前筹资筹劳修的，机井与引水渠连接处年久失修，漏水、冒水现象严重，导致每次灌溉，张某的承包地总是被“淹”。张某多次找村民委员会，但问题迟迟没有解决。气愤之下，张某弄断了机井和引水渠的连接处，导致机井不能用了。村民委员会对此该如何处理？

解析

《农业法》第19条规定，禁止任何组织和个人非法占用或者毁损农田水利设施。张某的行为属于毁损农田水利设施。《农田水利条例》第22条第2款规定：“农村集体经济组织、农民用水合作组织、农民等发现影响农田水利工程正常运行的情形的，有权向县级以上人民政府水行政主管部门和农田水利工程所有权人报告。接到报告的县级以上人民政府水行政主管部门和农田水利工程所有权人应当督促负责运行维护的单位和个人及时处理。”张某在村民委员会没有解决的情况下，本应向政府主管部门报告，他却把引水渠破坏，导致机井不能用于灌溉，损毁了农田水利设施。张某的行为违反了《农田水利条例》第23条禁止破坏水利工程的规定，应依据《治安管理处罚法》给予处罚，如果构成犯罪的，要追究刑事责任。

另外，张某破坏的机井是村民委员会筹资筹劳修建的，应当由农村集体经济组织或者其委托的单位、个人负责运行维护。所以水渠修好后，村民委员会要承担起机井维护的职责，避免再次出现村民无奈而选

择违法的情况。

▶ 10. 村民委员会负责维护农田水利工程时，要做好哪些工作

案例

根据上一案例，出现张某的事情后，县政府要求该村村民委员会必须全面承担起维护村里建设的农田水利设施的职责。那么根据法律规定，村民委员会要做好哪些具体工作？

解析

根据《农田水利条例》第21条的规定，村民委员会做好农田水利工程运行、维护工作的关键是应当建立一套农田水利工程运行维护制度，明确要维护、管理的范围、内容、职责等，尤其要加强日常的巡查、维修、养护和报告制度。

根据该条例第22条和第25条的规定，报告制度包括两种：第一种是发现有破坏农田水利工程的要及时向县级以上人民政府水行政主管部门和农田水利工程所有权人报告；第二种是发现农村集体经济组织所有的或管理的农田水利工程设施因超过设计使用年限、灌溉排水功能基本丧失或者严重毁坏而无法继续使用的，应当按照有关规定及时处置，消除安全隐患，并将相关情况告知县级以上地方人民政府水行政主管部门。

村民委员会还要加强制度的落实工作，否则要承担法律责任。《农田水利条例》第42条规定："违反本条例规定，县级以上人民政府确定的农田水利工程运行维护单位不按照规定进行维修养护和调度、不执行年度取用水计划的，由县级以上地方人民政府水行政主管部门责令改正；发生责任事故或者造成其他重大损失的，对直接负责的主管人员和其他直接责任人员依法给予处分；直接负责的主管人员和其他直接责任人员构

成犯罪的,依法追究刑事责任。”

▶ 11. 水利设施建设中,农村集体经济组织应参与哪些事情

案例

《农田水利条例》施行后,村民委员会组织学习《农田水利条例》,希望对其中水利设施建设、维护等事项中农村集体经济组织的义务或应当参与的事情有所了解。

解析

农田水利工程建设与农业生产息息相关。农村集体经济组织是农业生产的重要参与者之一,因此《农田水利条例》第 8 条、第 12 条、第 16 条、第 18 条、第 19 条中规定了多项农村集体经济组织应当参与的事情或应当履行的职责,主要有以下内容:

(1)县级人民政府水行政主管部门编制农田水利规划,应当征求农村集体经济组织的意见。农村集体经济组织在县级人民政府水行政主管部门编制农田水利规划时,要积极发表意见,维护成员的利益。

(2)政府进行水利工程建设时,乡镇人民政府应当协调农村集体经济组织开展农田水利工程建设的有关工作。换句话说,农村集体经济组织要配合乡镇政府做好农田水利工程建设。

(3)政府投资建设的农田水利工程竣工验收时要邀请有关专家和农村集体经济组织、农民用水合作组织、农民代表参加。所以,农村集体经济组织要配合做好相关工作。

(4)集体经济组织要承担农田水利工程维护工作。其中,包括政府投资建设或者财政补助建设的小型农田水利工程、农村集体经济组织筹资筹劳建设的农田水利工程、农民或者其他社会力量投资建设的或政府和社会力量共同建设的水利工程委托给农村集体经济组织负责维护的。

(5)灌区农田水利工程实行灌区管理单位管理与受益农村集体经济组织、农民用水合作组织、农民等管理相结合的方式。灌区管理办法由国务院水行政主管部门会同有关部门制定。所以,农村集体经济组织还要配合灌区管理单位做好管理工作。

12. 村民买到假种子遭受经济损失,村民委员会如何介入帮助村民维权

案例

某村张某与几户农民成立了农业生产合作社,准备种植大豆。他们从镇上卖种子的个体户赵某那里买了新品种,但是种植后发现,大豆生长比别的品种慢,到成熟时,产量仅有其他品种的1/3,合作社亏了很多。张某等人就报案了,同时找到村民委员会,希望村民委员会帮助他们维权。村民委员会该如何处理?

解析

根据《农业法》第25条的规定,生产经营种子的,依照法律、行政法规的规定实行登记或者许可制度。农业生产资料的生产者、销售者应当对其生产、销售的产品的质量负责,禁止以次充好、以假充真、以不合格的产品冒充合格的产品。如果农民因为使用的种子质量有问题而遭受损失的,根据《农业法》第76条、《种子法》第46条的规定,可以要求出售该种子的经营者赔偿。赔偿额包括购货价款、有关费用和可得利益损失。案例中,赵某卖的是劣质种子,导致张某等人遭受严重经济损失,张某等人应当向赵某要求赔偿。可以申请的赔偿包括:购货价款,即张某等人买种子的钱;有关费用,如投入的化肥、农药等成本,交通费、鉴定费等依法维权的成本;可得利益损失,包括使用没有质量问题的种子的产量与现有产量的差额。

同时,农业主管部门应当严厉打击生产销售假、劣种子的违法行为,张某在报案的同时,应当及时向县里的农业主管部门反映情况,严厉查处赵某销售假、劣种子的行为。

村民委员会有义务保障本集体经济组织成员的合法权益,所以,村民委员会要积极帮助张某等人维权,争取赔偿,向乡、县人民政府反映情况,协助农业主管部门进行调查取证工作。

▶ 13. 农村集体经济组织中需要接受审计的事项包括哪些

案例

从2018年3月中旬开始,某村村民向县信访部门反映该村村民委员会对“三资”管理混乱,损害了村民利益。县政府要求乡里农村集体经济组织审计机构对该村集体经济组织进行全面审计。根据法律规定,“全面审计”包括哪些内容?

解析

《农村集体经济组织审计规定》第6~8条对农村集体经济组织进行审计监督有非常明确的规定。

审计监督的对象包括村、组集体经济组织。根据该规定第7条,审计监督的事项一共有11项:(1)资金、财产的验证和使用管理情况;(2)财务收支和有关的经济活动及其经济效益;(3)财务管理制度的制定和执行情况;(4)承包合同的签订和履行情况;(5)收益(利润)分配情况;(6)承包费等集体专项资金的预算、提取和使用情况;(7)村集体公益事业建设筹资筹劳情况;(8)村集体经济组织负责人任期目标和离任经济责任;(9)侵占集体财产等损害农村集体经济组织利益的行为;(10)乡经营管理站代管的集体资金管理情况;(11)当地人民政府、国家审计机关和上级业务主管部门等委托的其他审计事项。

▶ 14. 村民委员会接受审计，依法需要做好哪些事情

案例

某村村民委员会接到乡里农村集体经济组织审计机构的通知，月底要来村进行审计。那么，该村村民委员会要做好哪些配合工作？

解析

根据《农村集体经济组织审计规定》第3章和第4章的有关规定，该村村民委员会要向农村集体经济组织审计机构报送和提供财务计划、会计报表及有关资料；村民委员会召开与审计项目相关的会议时要通知审计机构审计员参会；村民委员会收到审计报告之日起10日内向审计机构提出书面意见；审计结论和决定作出后，村民委员会应开始执行；如果村民委员会对审计结论和决定有异议，可在收到审计结论和决定之日起15日内，向上一级农村集体经济组织审计机构申请复审，但是复审期间村民委员会不能停止执行审计结论和决定，不能打击报复审计人员。

如果村民委员会负责人、直接责任人员及其他有关人员在接受审计机构审计中出现以下几种违法行为的话，会受到行政处分：(1)拒绝提供账簿、凭证、会计报表、资料和证明材料的；(2)阻挠审计工作人员依法行使审计职权，抗拒、破坏监督检查的；(3)弄虚作假，隐瞒事实真相的；(4)拒不执行审计结论和决定的；(5)打击报复审计工作人员和检举人的。

二、经济发展

1. 村民委员会在促进农业产业化发展工作上需要注意哪些问题

案例

某村在实现城镇化进程中,推动农业产业化经营,集中生产大豆,并炼制食用豆油。在实现产业化经营中,村民委员会要注意哪些问题?

解析

《农业法》第13条规定,国家采取措施发展多种形式的农业产业化经营,鼓励和支持农民和农业生产经营组织发展生产、加工、销售一体化经营。国家引导和支持从事农产品生产、加工、流通服务的企业、科研单位和其他组织,通过与农民或者农民专业合作经济组织订立合同或者建立各类企业等形式,形成收益共享、风险共担的利益共同体,推进农业产业化经营,带动农业发展。

为此,该村集体经济组织要注意依法做好以下事项:第一,农业产业化发展政策性强,情况复杂,该村集体经济组织要及时了解、学习当地促进产业化发展的政策,才能有效带动本村农业发展;第二,对需占用集体土地的企业,依法配合做好用地审批,不得乱占耕地;第三,与合作的企业签订经济合同,做好合同管理;第四,组织村民参加技术培训、法律知识学习等。

▶ 2. 什么情形下要缴纳耕地占用税

案例

某村村民委员会的办公楼是2000年修建的，现在村民委员会决定翻修办公楼，新楼的占地面积比原先多了1/5，占用了旧楼外围的一些农田。另外，该村村民委员会为了发展经济，提升村里形象，决定扩修进村的牌楼，也占用了部分农田。那么，村民委员会是否要缴纳耕地占用税？

解析

村民委员会属于《耕地占用税法》(2019年9月施行)第2条规定中的纳税主体，并且村民委员会的办公楼和牌楼也不属于法律规定的免征耕地占用税的范围，因此，村民委员会对于占用农田扩建的部分需要依法缴纳耕地占用税。

《耕地占用税法》第7条规定了减免耕地占用税的例外情形，即“军事设施、学校、幼儿园、社会福利机构、医疗机构占用耕地，免征耕地占用税。铁路线路、公路线路、飞机场跑道、停机坪、港口、航道、水利工程占用耕地，减按每平方米二元的税额征收耕地占用税。农村居民在规定用地标准以内占用耕地新建自用住宅，按照当地适用税额减半征收耕地占用税；其中农村居民经批准搬迁，新建自用住宅占用耕地不超过原宅基地面积的部分，免征耕地占用税。农村烈士遗属、因公牺牲军人遗属、残疾军人以及符合农村最低生活保障条件的农村居民，在规定用地标准以内新建自用住宅，免征耕地占用税。根据国民经济和社会发展的需要，国务院可以规定免征或者减征耕地占用税的其他情形，报全国人民代表大会常务委员会备案”。此外，根据该法第2条第2款的规定，占用耕地建设农田水利设施的，也不缴纳耕地占用税。关于耕地占用税的税额，根据《耕

地占用税法》第 4 条的规定,分为 4 个档次:

(1)人均耕地不超过 1 亩的地区(以县、自治县、不设区的市、市辖区为单位,下同),每平方米为 10 元至 50 元;

(2)人均耕地超过 1 亩但不超过 2 亩的地区,每平方米为 8 元至 40 元;

(3)人均耕地超过 2 亩但不超过 3 亩的地区,每平方米为 6 元至 30 元;

(4)人均耕地超过 3 亩的地区,每平方米为 5 元至 25 元。

各地区耕地占用税的适用税额,由省、自治区、直辖市人民政府根据人均耕地面积和经济发展等情况,在前款规定的税额幅度内提出,报同级人民代表大会常务委员会决定,并报全国人民代表大会常务委员会和国务院备案。各省、自治区、直辖市耕地占用税适用税额的平均水平,不得低于《各省、自治区、直辖市耕地占用税平均税额表》(见表 1)规定的平均税额。

表 1 各省、自治区、直辖市耕地占用税平均税额表

省、自治区、直辖市	平均税额(元/平方米)
上海	45
北京	40
天津	35
江苏、浙江、福建、广东	30
辽宁、湖北、湖南	25
河北、安徽、江西、山东、河南、重庆、四川	22.5
广西、海南、贵州、云南、陕西	20
山西、吉林、黑龙江	17.5
内蒙古、西藏、甘肃、青海、宁夏、新疆	12.5

▶ 3. 村民委员会有权开发在村庄规划范围内的矿产吗

案例

经过勘探发现，某村村北的集体土地地下有煤炭资源，这块土地属于村集体经济组织第二生产小组。二组组员认为煤在二组的土地上就应该由二组来开采，而村民委员会则认为应该由村里来开采。双方争论得很激烈，各不相让。那么此处煤矿到底应该由谁来开采呢？

解析

《矿产资源法》第3条第1款规定："矿产资源属于国家所有，由国务院行使国家对矿产资源的所有权。地表或者地下的矿产资源的国家所有权，不因其所依附的土地的所有权或者使用权的不同而改变。"也就是说，在该村二组土地地下的矿产资源也属于国家所有。既然是国家所有，国家对矿产资源的勘查、开发实行统一规划、合理布局、综合勘查、合理开采和综合利用的方针，那么该村第二生产小组和村民委员会都没有权利擅自开采矿产。

另外，开采矿产资源必须符合规定的资质条件。根据《矿产资源法》第3条第3款的规定，开采矿产资源，必须依法申请、经批准取得采矿权，并办理登记。根据《矿产资源法实施细则》第13条的规定，申请开办集体所有制矿山企业或者私营矿山企业，除应当具备有关法律、法规规定的条件外，并应当具备下列条件：(1)有供矿山建设使用的与开采规模相适应的矿产勘查资料；(2)有经过批准的无争议的开采范围；(3)有与所建矿山规模相适应的资金、设备和技术人员；(4)有与所建矿山规模相适应的，符合国家产业政策和技术规范的可行性研究报告、矿山设计或者开采方案；(5)矿长具有矿山生产、安全管理和环境保护的基本知识。

因此，无论是该村村民委员会还是第二生产小组，都没有权利擅自开采煤矿。应当申请开办采矿企业并取得采矿权。

▶ 4. 村民委员会在开展农产品收购时,要注意哪些问题

案例

今年,某村第三生产小组种植的棉花收成非常好,但是今年是棉花丰收年,为了及时把棉花卖出去,并且卖上好价钱,三组组员找到村民委员会,希望村民委员会能帮助协调卖棉花。村民委员会最终联系到市里一家企业来村里采购棉花。在买卖棉花的过程中,村民委员会要注意哪些问题?

解析

村民委员会在协调买卖棉花的过程中应注意的问题包括:第一,应提醒双方签订买卖合同,通过合同明确双方的权利义务以及违约责任。该村村民委员会可以让村里的法律顾问起草一份符合本村情况的买卖合同,可以参照合同范本,并根据本村实际情况和棉花买卖的具体情形来完善合同内容。村民委员会工作人员应了解有关买卖合同的基本规定。根据《民法典》第470条的规定,合同一般包括以下条款:(1)当事人的名称或者姓名和住所;(2)标的;(3)数量;(4)质量;(5)价款或者报酬;(6)履行期限、地点和方式;(7)违约责任;(8)解决争议的方法。“买卖合同”是法律明确规定的一种合同类型,买卖合同除了上述一般条款外,《民法典》第596条还规定其应当包括包装方式、检验标准和方法、结算方式等内容,合同的内容详细、完善,才有利于保护农民的利益。

第二,应提醒双方依法开具发票。国家加强了对农产品收购中偷税漏税行为的监管。

第三,如果因为收购农产品发生纠纷,村民委员会作为中间人,应当积极调解。调解不成或一方明显违法的,应提醒双方申请仲裁或向法院

提起诉讼,以维护自身的权益。

▶ 5. 村民委员会开拓网络销售渠道时,要注意哪些问题

案例

随着电子商务越来越发达,全社会都在倡导"互联网 +",某村村民委员会也鼓励村民使用"农商通"加入"万村千乡"工程,开拓农产品销售渠道。那么,村民委员会在鼓励村民使用电子商务时要注意哪些问题?

解析

第一,村民委员会在鼓励村民加入电子商务网络时,应当尊重村民自主参与的意愿,不能强迫村民参加;第二,村民委员会应当组织村民参加与互联网相关的培训、学习,提高村民使用互联网的能力;第三,村民委员会应当有保护知识产权意识,了解商标等知识产权知识,服务村民;第四,村民委员会应告知村民电子商务的风险,提示村民注意交易安全。

政府大力支持"互联网 +"现代农业生产,2015 年国务院出台《关于积极推进"互联网 +"行动的指导意见》,专门规定了对"互联网 +"现代农业的指导意见:

利用互联网提升农业生产、经营、管理和服务水平,培育一批网络化、智能化、精细化的现代"种养加"生态农业新模式,形成示范带动效应,加快完善新型农业生产经营体系,培育多样化农业互联网管理服务模式,逐步建立农副产品、农资质量安全追溯体系,促进农业现代化水平明显提升[农业部(现农业农村部)、发展改革委、科技部、商务部、质检总局(现市场监督管理总局)、食品药品监管总局(现市场监督管理总局)、林业局(现林业和草原局)等负责]。

第一,构建新型农业生产经营体系。鼓励互联网企业建立农业服务平台,支撑专业大户、家庭农场、农民合作社、农业产业化龙头企业等新型

农业生产经营主体,加强产销衔接,实现农业生产由生产导向向消费导向转变。提高农业生产经营的科技化、组织化和精细化水平,推进农业生产流通销售方式变革和农业发展方式转变,提升农业生产效率和增值空间。规范用好农村土地流转公共服务平台,提升土地流转透明度,保障农民权益。

第二,发展精准化生产方式。推广成熟可复制的农业物联网应用模式。在基础较好的领域和地区,普及基于环境感知、实时监测、自动控制的网络化农业环境监测系统。在大宗农产品规模生产区域,构建天地一体的农业物联网测控体系,实施智能节水灌溉、测土配方施肥、农机定位耕种等精准化作业。在畜禽标准化规模养殖基地和水产健康养殖示范基地,推动饲料精准投放、疾病自动诊断、废弃物自动回收等智能设备的应用普及和互联互通。

第三,提升网络化服务水平。深入推进信息进村入户试点,鼓励通过移动互联网为农民提供政策、市场、科技、保险等生产生活信息服务。支持互联网企业与农业生产经营主体合作,综合利用大数据、云计算等技术,建立农业信息监测体系,为灾害预警、耕地质量监测、重大动植物疫情防控、市场波动预测、经营科学决策等提供服务。

第四,完善农副产品质量安全追溯体系。充分利用现有互联网资源,构建农副产品质量安全追溯公共服务平台,推进制度标准建设,建立产地准出与市场准入衔接机制。支持新型农业生产经营主体利用互联网技术,对生产经营过程进行精细化信息化管理,加快推动移动互联网、物联网、二维码、无线射频识别等信息技术在生产加工和流通销售各环节的推广应用,强化上下游追溯体系对接和信息互通共享,不断扩大追溯体系覆盖面,实现农副产品“从农田到餐桌”全过程可追溯,保障“舌尖上的安全”。

村民委员会作为村民自我管理、自我服务的基层群众自治组织,应当积极、及时学习相关法规、政策,更好地服务村民。

▶ 6. 销售绝对不能销售的农产品会面临什么处罚

案例

某村想充分利用本村的地形优势，开发梯田生态旅游业。村民在梯田保护区的自留地将对外开放，建立生态采摘园，到时候村民就可以在田里直接销售自家种植的瓜果蔬菜了。为此，村民委员会应当提醒村民绝对不能销售的农产品有哪些，如果销售了将承担什么法律责任。

解析

《农产品质量安全法》第 33 条明确规定了 5 种不得销售的农产品：(1)含有国家禁止使用的农药、兽药或者其他化学物质的；(2)农药、兽药等化学物质残留或者含有的重金属等有毒有害物质不符合农产品质量安全标准的；(3)含有的致病性寄生虫、微生物或者生物毒素不符合农产品质量安全标准的；(4)使用的保鲜剂、防腐剂、添加剂等材料不符合国家有关强制性的技术规范的；(5)其他不符合农产品质量安全标准的。

根据该法第 49 条的规定，如果销售的农产品有上述第 4 项情形，即使用的保鲜剂、防腐剂、添加剂等材料不符合国家有关强制性技术规范的，应责令停止销售，对被污染的农产品进行无害化处理，对不能进行无害化处理的予以监督销毁；没收违法所得，并处 2000 元以上 2 万元以下罚款。

如果销售的农产品有上述第 1 ~ 3 项、第 5 项情形之一的，根据该法第 50 条的规定，应当责令停止销售，追回已经销售的农产品，对违法销售的农产品进行无害化处理或者予以监督销毁；没收违法所得，并处 2000 元以上 2 万元以下罚款。

三、环境保护

▶ 1. 村"两委"在保护农村生态环境上有哪些职责

案例

最近,某村的村党支部和村民委员会在讨论如何保护本村的生态环境,那么,村"两委"在环境保护方面有哪些职责呢?

解析

实施乡村振兴战略,是党的十九大作出的重大决策部署,是决胜全面建成小康社会、全面建设社会主义现代化国家的重大历史任务。要实现乡村振兴,乡村发展得好,离不开乡村自然生态环境的保护和改善。村民委员会负责办理本村的公共事务和公益事业,管理本村属于村农民集体所有的土地和其他财产,引导村民合理利用自然资源,保护和改善生态环境。村民委员会应当开展环境保护法律法规和环境保护知识的宣传,营造保护环境的良好风气。

对于村党支部,《中国共产党农村基层组织工作条例》第21条规定:"党的农村基层组织应当加强农村生态文明建设,组织党员、群众参与山水林田湖草系统治理,加强污染防治,保护生态环境,建设美丽乡村。"《中国共产党农村工作条例》第18条同时也规定:"加强党对农村生态文明建设的领导。牢固树立和践行绿水青山就是金山银山的发展理念,统筹山水林田湖草系统治理,促进农业绿色发展,加强农村生态环境保护,改善农村人居环境,建设生态宜居美丽乡村。"

农村建设应当结合当地自然环境的特点，保护植被、水域和自然景观。另外，村民委员会可以根据《环境保护法》第49条的规定，协助各级人民政府及其有关部门和机构指导农业生产经营者科学种植和养殖，科学合理施用农药、化肥等农业投入品，科学处置农用薄膜、农作物秸秆等农业废弃物，防止农业面源污染。禁止将不符合农用标准和环境保护标准的固体废物、废水施入农田。施用农药、化肥等农业投入品及进行灌溉，应当采取措施，防止重金属和其他有毒有害物质污染环境。畜禽养殖场、养殖小区、定点屠宰企业等的选址、建设和管理应当符合有关法律法规规定。从事畜禽养殖和屠宰的单位和个人应当采取措施，对畜禽粪便、尸体和污水等废弃物进行科学处置，防止污染环境。

2. 村内工厂向外排放污水，村民委员会该怎么办

案例

某村的村民小王向村民委员会举报，村内的造纸厂向外排放污水。村民委员会应当怎么处理呢？

解析

根据《水污染防治法》第4条、第9条的规定，地方各级人民政府对本行政区域的水环境质量负责，应当及时采取措施防治水污染。县级以上人民政府生态环境主管部门对水污染防治实施统一监督管理。县级以上人民政府水行政、国土资源、卫生、建设、农业、渔业等部门以及重要江河、湖泊的流域水资源保护机构，在各自的职责范围内，对有关水污染防治实施监督管理。该法第11条规定，任何单位和个人都有义务保护水环境，并有权对污染损害水环境的行为进行检举。

在本案中，村民委员会接到举报后，可以先去现场确认是否存在排放污水的情况，确认后应当立即向地方人民政府、生态环境主管部门、水行

政主管部门、农业部门等相关部门检举,并协助有关部门进行调查。

在排污的法律方面,国家实行排污许可制度,《水污染防治法》第21条规定:"直接或者间接向水体排放工业废水和医疗污水以及其他按照规定应当取得排污许可证方可排放的废水、污水的企业事业单位和其他经营者,应当取得排污许可证;城镇污水集中处理设施的运营单位,也应当取得排污许可证。排污许可证应当明确排放水污染物的种类、浓度、总量和排放去向等要求。排污许可的具体办法由国务院规定。禁止企业事业单位和其他生产经营者无排污许可证或者违反排污许可证的规定向水体排放前款规定的废水、污水。"第22条规定:"向水体排放污染物的企业事业单位和其他经营者,应当按照法律、行政法规和国务院环境保护主管部门的规定设置排污口;在江河、湖泊设置排污口的,还应当遵守国务院水行政主管部门的规定。"

▶ 3. 国家禁止新建的严重污染水环境的生产项目有哪些

案例

某村的村民小齐向村民委员会反映,同村的小霍想要和他合伙在村里开一家小型造纸厂,但小齐认为建造纸厂污染水源,想要咨询一下村民委员会的意见。那么村民委员会应当如何回复小齐?

解析

根据《水污染防治法》第47条的规定,"国家禁止新建不符合国家产业政策的小型造纸、制革、印染、染料、炼焦、炼硫、炼砷、炼汞、炼油、电镀、农药、石棉、水泥、玻璃、钢铁、火电以及其他严重污染水环境的生产项目"。因此村民委员会应当告知小齐和小霍,造纸厂属于禁止新建的项目,让他们寻找其他的生产项目。

另外,国家还建立了饮用水水源保护区制度。饮用水水源保护区分为一级保护区和二级保护区。国家除了禁止新建以上生产项目外，还对饮用水水源保护区有特殊规定，如《水污染防治法》第65条规定，禁止在饮用水水源一级保护区内新建与供水设施和保护水源无关的建设项目；禁止在饮用水水源一级保护区内从事网箱养殖、旅游、游泳、垂钓或者其他可能污染饮用水水体的活动。第66条规定，禁止在饮用水水源二级保护区内新建排放污染物的建设项目；在饮用水水源二级保护区内从事网箱养殖、旅游等活动的，应当按照规定采取措施，防止污染饮用水水体。第67条规定，禁止在饮用水水源准保护区内新建、扩建对水体污染严重的建设项目。

▶ 4. 企业向农田灌溉渠道排放污水，村民委员会应如何处理

案例

某村的村民委员会接到村民举报，村里某企业向农田灌溉渠道排放污水，有影响农作物生长的可能性。村民委员会应当如何处理呢？

解析

《水污染防治法》第21条、第22条规定，企业排放污水应当取得排污许可证，并应按照法律规定设置排污口。第58条规定，禁止向农田灌溉渠道排放工业废水或者医疗污水。因此，该企业将其污水直排到农田灌溉渠道肯定是违法的，村民委员会应当向县级以上人民政府、生态环境主管部门、水行政部门、农业部门等相关部门检举。有关部门对工业废水进行检测时，村民委员会应当提供必要的协助。

▶ 5. 在处理农村生活垃圾问题上，村“两委”应该怎么做

案例

党的十八大以来，习近平总书记多次作出重要指示批示，强调要将农

村人居环境整治作为乡村振兴战略的重要内容、举措抓紧抓实,深入持久开展农村人居环境整治。党的十九大明确要求开展农村人居环境整治行动。习近平总书记强调,农村环境整治这个事,不管是发达地区还是欠发达地区,标准可以有高有低,但起码要给农民一个干净整洁的生活环境;要实施好农村人居环境整治三年行动方案,明确目标,落实责任,作为实施乡村振兴战略的阶段性成果。为了贯彻落实习近平总书记的重要指示精神,某村村“两委”决定召开村民大会,讨论决定由村集体出资承担保洁费,解决村内垃圾处理、常态保洁的问题。在农村生活垃圾的处理方面,村“两委”可以做哪些工作呢?

解析

2018 年 2 月,中共中央办公厅、国务院办公厅印发了《农村人居环境整治三年行动方案》,要求以建设美丽宜居村庄为导向,以农村垃圾、污水治理和村容村貌提升为主攻方向,动员各方力量,整合各种资源,强化各项举措,提升农村人居环境水平。到 2020 年,实现农村人居环境明显改善,村庄环境基本干净整洁有序,村民环境与健康意识普遍增强。为此,村“两委”可以在以下三方面开展工作:

一是发挥基层组织作用。发挥好基层党组织核心作用,强化党员意识、标杆意识,带领农民群众推进移风易俗、改进生活方式、提高生活质量。

二是建立完善村规民约。将农村环境卫生、古树名木保护等要求纳入村规民约,通过群众评议等方式褒扬乡村新风,鼓励成立农村环保合作社,深化农民自我教育、自我管理。

三是提高农村文明健康意识。把培育文明健康生活方式作为培育和践行社会主义核心价值观、开展农村精神文明建设的重要内容。

虽然该行动方案是截至 2020 年的三年计划,但是,建设美丽宜居乡村、提高乡村人居环境整治是长期不懈的过程,村“两委”仍然应当按照行动方案的原则和任务开展农村垃圾治理工作。

具体来说，村“两委”可以在以下两个方面开展工作：

一是应当建立村庄保洁机制。要在村内建立稳定的村庄保洁队伍，保洁方式可以是村民轮值、村内雇用或竞聘保洁员等。具体模式可以由村民大会或者代表大会讨论决定。

二是稳步开展农村生活垃圾分类。垃圾分类不仅在城市推广，在农村也很有必要和有条件开展。例如，剩饭剩菜可以喂养家禽或牲口、堆肥产物可以就地还田、煤灰渣土可以用作铺路填坑等。这样，减少了垃圾量和转运成本，改善了乡村环境。

▶ 6. 村民在村内随意倾倒生活垃圾，村民委员会应如何处理

案例

某村的老王家办喜事，全村村民都赶去祝贺。酒席过后，老王为了避免麻烦，竟然将产生的垃圾都随意倒在了门外的河沟里，引得河沟内蚊虫滋生，臭气冲天。村民委员会要求其打扫干净，但老王不听，村民委员会便对他进行了警告。可老王依然我行我素。迫不得已村民委员会只得对其进行罚款，可老王仍拒不支付。村民委员会应当怎么处理呢？

解析

《行政处罚法》(2021 年 1 月修订)第 9 条规定，警告和罚款均是行政处罚的种类。该法第 17 条规定，行政处罚由具有行政处罚权的行政机关在法定职权范围内实施。村民委员会并不是行政机关，不具备行政处罚权，无权对村民警告或者开罚单。另外，根据法律规定，农村生活垃圾污染环境防治的具体办法由地方性法规规定，因此各地对于随意倾倒生活垃圾的处罚规定也各有不同。

以广东省为例，根据《广东省城乡生活垃圾管理条例》(2020 年 11 月

修订)第53条的规定,违反生活垃圾分类投放规定,未将生活垃圾分类投放到指定的收集点或者收集容器内,或者未按规定投放体积较大的废弃物品的,由县级以上人民政府环境卫生主管部门责令改正;情节严重的,对单位处5万元以上50万元以下的罚款,对个人处100元以上500元以下的罚款。

《固体废物污染环境防治法》(2020年4月修订)第111条规定,个人随意倾倒、抛撒、堆放或者焚烧生活垃圾的;或者未将厨余垃圾交由具备相应资质条件的单位进行无害化处理的,处100元以上500元以下罚款。个人未在指定的地点分类投放生活垃圾的,也会依法处以罚款。

虽然村民委员会无权对村民警告或者开罚单,但是,村民委员会应当向环境卫生主管部门反映情况,由主管部门作出处罚决定。行政处罚决定依法作出后,当事人应当在行政处罚决定的期限内,予以履行。当事人逾期不履行行政处罚决定的,根据《行政处罚法》第72条的规定,作出行政处罚决定的行政机关可以采取下列措施:(1)到期不缴纳罚款的,每日按罚款数额的3%加处罚款,但加处罚款的数额不得超出罚款的数额;(2)根据法律规定,将查封、扣押的财物拍卖、依法处理或者将冻结的存款、汇款划拨抵缴罚款;(3)根据法律规定,采取其他行政强制执行方式;(4)申请人民法院强制执行。

▶ 7. 村民露天焚烧秸秆,村民委员会应如何处理

案例

村民委员会发现很多村民在露天焚烧秸秆,污染环境,屡次劝阻村民不要烧,依然没有效果。遇到这种情况,村民委员会应当怎么做?

解析

《大气污染防治法》(2018年10月修正)第77条明文规定,禁止露天

焚烧秸秆、落叶等产生烟尘污染的物质。第 119 条规定,违反法律规定,露天焚烧秸秆、落叶等产生烟尘污染的物质的,由县级以上地方人民政府确定的监督管理部门责令改正,并可以处 500 元以上 2000 元以下的罚款。因此村民委员会应当向有关部门举报,由该部门对焚烧秸秆的村民进行行政处罚。

另外,如何对秸秆进行合理处理才是从根本上杜绝露天焚烧秸秆问题的关键。根据《大气污染防治法》第 76 条的规定,各级人民政府及其农业行政等有关部门应当鼓励和支持采用先进适用技术,对秸秆、落叶等进行肥料化、饲料化、能源化、工业原料化、食用菌基料化等综合利用,加大对秸秆还田、收集一体化农业机械的财政补贴力度。县级人民政府应当组织建立秸秆收集、贮存、运输和综合利用服务体系,采用财政补贴等措施支持农村集体经济组织、农民专业合作经济组织、企业等开展秸秆收集、贮存、运输和综合利用服务。因此,村民委员会应当加强与人民政府的联系和沟通,争取财政补贴,从技术上解决秸秆处理的问题。

第四篇
解决处理家庭事务纠纷

一、婚姻家庭继承

▶ 1. 外迁村民想要回迁户口，村民委员会应如何处理

案例

某村的村民小钱(女)在结婚后将户口外迁到她丈夫的村里，现在小钱听说某村的地即将被征用，每家按户口上的人数领取补偿款，便想把自己的户口迁回来。其他村民听说后坚决反对，向村民委员会反映。村民委员会应当怎么办？

解析

户口的迁入需要落户地村民委员会出具同意迁入的证明。根据《村民委员会组织法》第2条的规定，村民委员会是村民自我管理、自我教育、自我服务的基层群众性自治组织，实行民主选举、民主决策、民主管理、民主监督，因此村民委员会应当听取村民的意见。本案中小钱明显是为了征地补偿款才想要将户口迁回的，而且其实际并不打算回村居住，迁回户口的动机不纯，村民委员会不应出具同意迁入的证明。

▶ 2. 村民离婚后要求对方返还彩礼，村民委员会应如何处理

案例

小王和小李于2018年5月20日登记结婚。由于小王家庭比较富裕，结婚前给了小李家10万元的彩礼钱。半年后双方因为感情不和想要离婚，而小王要求小李返还10万元。小李坚决不同意。两家人来到村民

委员会,希望村民委员会从中协调。村民委员会应当如何做呢?

解析

根据最高人民法院《关于适用〈中华人民共和国民法典〉婚姻家庭编的解释(一)》(2020 年 12 月通过)第 5 条的规定,在以下三种情况下,当事人请求返还按照习俗给付的彩礼的,应当得到支持:一是双方未办理结婚登记手续的;二是双方办理结婚登记手续但确未共同生活的;三是婚前给付的并导致给付人生活困难的。第二项和第三项是以双方离婚为条件的。

由于小王和小李已经办理了结婚登记手续,且共同生活半年,而且小王并未因给付彩礼而生活困难,因此小王要求小李返还彩礼的诉求得不到支持。村民委员会应当告知小王相关法律规定,不要在彩礼问题上过分纠缠。村民委员会可以根据双方的实际情况,调解双方和好,如果双方自愿离婚并对共同财产问题已有适当处理,可以告知二人去民政局办理离婚手续。如果一方不同意离婚,或者双方对财产问题的处理不能达成一致,那么可以去人民法院提起离婚诉讼。

3. 村民非婚生子,孩子的落户问题村民委员会该如何解决

案例

小王和小李于 2018 年 5 月 20 日在村里办了喜酒,但二人一直没办结婚证。2019 年 5 月 1 日,二人的孩子呱呱落地。这本是一件高兴的事情,但是由于没有结婚证,孩子的落户问题成了难事。这种情况下,村民委员会应当怎么处理呢?

解析

村民委员会可以要求小王和小李先行补办结婚证,领取结婚证以后

再给孩子落户；如果二人拒不办理，村民委员会也应当为孩子出具相应的落户所需证明。因为根据《民法典》第 1071 条的规定，非婚生子女享有与婚生子女同等的权利，任何人不得加以危害和歧视。因此，只要孩子符合落户村里的条件，村民委员会就应当协助其父母出具相应的手续。

▶ 4. “三孩”政策全面实施后，给村计划生育委员会的工作带来哪些改变

案例

2021 年 7 月 20 日中共中央、国务院发布了《关于优化生育政策促进人口长期均衡发展的决定》，作出实施三孩生育政策及配套支持措施的重大决策，给某村计划生育委员会的工作带来很大的挑战。那么现在该委员会的工作会有哪些不同呢？

解析

村计划生育委员会应当根据国家法律政策的变化来调整自己的工作：

首先，2021 年 7 月 20 日中共中央、国务院发布了《关于优化生育政策促进人口长期均衡发展的决定》，作出实施三孩生育政策及配套支持措施的重大决策，这是继 2015 年党的十八届五中全会决定启动全面两孩政策之后的又一次人口政策大调整。

其次，《人口与计划生育法》(2021 年修正)第 18 条第 1 款规定：“国家提倡适龄婚育、优生优育。一对夫妻可以生育三个子女。”

再次，取消社会抚养费等制约措施。取消社会抚养费，清理和废止相关处罚规定。将入户、入学、入职等与个人生育情况全面脱钩。促进相关惠民政策与生育政策有效衔接，精准做好各项管理服务。

最后，《关于优化生育政策促进人口长期均衡发展的决定》要求，维

护好计划生育家庭合法权益。对全面两孩政策调整前的独生子女家庭和农村计划生育双女家庭,继续实行现行各项奖励扶助制度和优惠政策。探索设立独生子女父母护理假制度。

▶ 5. 村民离婚后就孩子的抚养权问题发生纠纷,村民委员会应如何调解

案例

2016 年 1 月,村民小李(男)和小张(女)登记结婚,2017 年 12 月女儿出生。2018 年 4 月,因小李嗜赌成性,外债无数,小张打算跟他离婚,并要求自己抚养孩子。小李同意离婚,但主张女儿由自己抚养。由于无法达成一致,小张来到村民委员会,希望可以由村民委员会出面调解。村民委员会应当怎么办?

解析

最高人民法院《关于适用〈中华人民共和国民法典〉婚姻家庭编的解释(一)》第 44 ~48 条对未成年子女抚养权有详细明确的规定:

(1)不满两周岁的子女,原则上由母亲抚养,但是,如果母亲有下列情形之一的,法院支持父亲直接抚养子女:

①患有久治不愈的传染性疾病或者其他严重疾病,子女不宜与其共同生活;

②有抚养条件不尽抚养义务,而父亲要求子女随其生活;

③因其他原因,子女确不宜随母亲生活。

(2)父母双方协议不满两周岁子女由父亲直接抚养,并对子女健康成长无不利影响的,人民法院应予支持。

(3)对已满两周岁的未成年子女,父母均要求直接抚养,一方有下列情形之一的,可予优先考虑:

①已做绝育手术或者因其他原因丧失生育能力；

②子女随其生活时间较长，改变生活环境对子女健康成长明显不利；

③无其他子女，而另一方有其他子女；

④子女随其生活，对子女成长有利，而另一方患有久治不愈的传染性疾病或者其他严重疾病，或者有其他不利于子女身心健康的情形，不宜与子女共同生活。

(4)父母抚养子女的条件基本相同，双方均要求直接抚养子女，但子女单独随祖父母或者外祖父母共同生活多年，且祖父母或者外祖父母要求并且有能力帮助子女照顾孙子女或者外孙子女的，可以作为父或者母直接抚养子女的优先条件予以考虑。

(5)在有利于保护子女利益的前提下，父母双方协议轮流直接抚养子女的，人民法院应予支持。

根据上述规定，孩子未满两周岁，且小李有赌博恶习，不适宜抚养子女，女儿应当交由小张抚养。因此，村民委员会应告知小李，如果去法院诉讼，结果依然是由小张来抚养孩子，劝服小李放弃争夺抚养权；并告知他父母与子女间的关系不因父母离婚而消除，即使不能直接抚养女儿，也有探望女儿的权利。同时，村民委员会也应当告知小张要保障小李探望女儿的权利。如果小李还是坚持主张孩子的抚养权，村民委员会也可以告知他如果能够和小张达成协议轮流抚养子女，也是符合法律规定的，不过前提是有利于保护子女利益。

▶ 6. 村里有不到法定结婚年龄的年轻人办酒结婚，村民委员会应该做些什么工作

案例

21岁的小王(男)和19岁的小李(女)要在村里办酒结婚，但由于二人均未达到法定结婚年龄，因此无法在办酒前领取结婚证。这时候村民

委员会应该做些什么工作呢?

解析

根据《民法典》第1047条的规定,法定的结婚年龄,男不得早于22周岁,女不得早于20周岁。本案中男女双方均未达到法定结婚年龄,因此即使办酒结婚,双方的婚姻关系也不成立。村民委员会可以在办酒前向男女双方释明不领证结婚的结果,即双方不具有夫妻的权利和义务,同居期间所得的财产不属于夫妻共同财产,由双方协议处理等,并告知双方可以在领取结婚证后再正式办酒结婚。

如果双方仍然坚持办酒,那么村民委员会只能在双方达到法定结婚年龄后督促双方去民政局补办结婚证,确立夫妻关系。另外,村民委员会可以通过村规民约的形式,倡导先领证后办酒的好风俗。

7. 村里老年人的赡养问题,村民委员会应如何介入调解

案例

某村老王有两个儿子。大儿子在结婚后坚决要求分家单过。由于家里经济条件非常不好,老王拒绝了大儿子分家的要求,大儿子便提出要和老王签订协议,自己净身离家,同时等老王老了以后,也不能要求他承担赡养义务。现在老王老了,小儿子因车祸离开了人世,老王只能要求大儿子履行赡养义务。而大儿子拿出之前签订的协议,拒不赡养老人。老王不得已只能向村民委员会求助,希望村民委员会可以居中协调。那么村民委员会应当如何处理呢?

解析

《老年人权益保障法》(2018年12月修正)第19条明确规定,赡养人不得以放弃继承权或者其他理由,拒绝履行赡养义务。同时该法第20条

规定了经老年人同意，赡养人之间可以就履行赡养义务签订协议，不过赡养协议的内容不得违反法律的规定和老年人的意愿。本案中双方签订的协议是经过老人同意的，却违反了法律的强制性规定，因此是无效的，老王的大儿子依然需要履行赡养义务。当然在老人百年以后，大儿子也是第一顺位的法定继承人。

依据《老年人权益保障法》第 24 条的规定，村民委员会可以先从法理和情理上规劝老王的大儿子，如果他仍然拒不履行赡养义务，应当督促其履行。如果督促无效的话，那么村民委员会可以协助老王起诉他，要求其支付赡养费用。

▶ 8. 男方醉酒后对家人拳打脚踢，村民委员会该怎么介入

案例

某村的老李嗜酒成命，经常在喝醉酒后对老婆和 6 岁的孩子拳打脚踢。他的家人为了维护家庭的稳定，一直隐忍着。某日，老李又在醉酒后殴打老婆和孩子。他老婆看到自己的孩子被打得遍体鳞伤，忍无可忍，带着孩子来到村民委员会求助。那么村民委员会应当如何做呢？

解析

第一，根据《反家庭暴力法》第 13 条的规定，家庭暴力受害人向村民委员会投诉、反映和求助后，村民委员会应当给予帮助、处理，对施暴人予以劝诫、制止。

第二，如果施暴人在村民委员会劝诫、制止后仍然有家庭暴力发生，或者村民委员会发现家庭暴力情形严重的，应当协助受害人去公安机关报案。同时应注意的是，根据《反家庭暴力法》第 14 条的规定，即使受害人没有去反映，村民委员会在工作中发现无民事行为能力人、限制民事行为能力人遭受或者疑似遭受家庭暴力的，也应当及时向公安机关报案。

第三,在公安机关介入后,如果公安机关出具了告诫书,根据《反家庭暴力法》第17条、第32条的规定,村民委员会应当对收到告诫书的加害人、受害人进行查访,监督加害人不再实施家庭暴力。如果法院作出人身安全保护令,那么村民委员会应当协助执行。

第四,根据《民法典》第36条、《未成年人保护法》(2020年10月修订)第108条的规定,未成年人的监护人如果实施严重损害被监护人身心健康的行为,有关个人或者组织可以向人民法院申请,撤销其监护人资格。这里的组织就包括村民委员会。因此,村民委员会发现老李对孩子有严重的家庭暴力情形,可以直接向法院申请,撤销老李的监护权。

▶ 9. 未成年村民独自一人在家生活,村民委员会该如何介入

案例

某村村民最近发现一件揪心的事:14岁的小刚由于父母去广东打工而被独自留在了家中。邻居觉得小刚非常可怜,经常给他送去吃的,同时也向村民委员会反映了这一情况。那么村民委员会应当如何介入呢?

解析

《未成年人保护法》第21条第2款规定,未成年人的父母或者其他监护人不得使未满16周岁的未成年人脱离监护单独生活。如果未成年人的父母因外出务工等原因在一定期限内不能完全履行监护职责的,根据该法第22条、第23条的规定,应当委托有能力的完全民事行为能力人代为照护,并将情况书面告知未成年人所在的学校、幼儿园以及当地村民委员会、居民委员会。

该法第43条明确要求,村民委员会应当设置专人专岗负责未成年人保护工作,协助政府有关部门宣传未成年人保护方面的法律法规,指导、帮助和监督未成年人的父母或者其他监护人依法履行监护职责,建立留

守未成年人、困境未成年人的信息档案并给予关爱帮扶。村民委员会应当协助政府有关部门监督未成年人委托照护情况，发现被委托人缺乏照护能力、怠于履行照护职责等情况，应当及时向政府有关部门报告，并告知未成年人的父母或者其他监护人，帮助、督促被委托人履行照护职责。

如果村民委员会发现未成年人有心理、行为异常情况的，应当及时告知未成年人的父母或其他监护人。

如果未成年人的监护人下落不明且无其他人可以担任监护人的，《未成年人保护法》第92条规定，民政部门应当依法对未成年人进行临时监护。村民委员会应当及时向民政部门反映未成年人无人监护的情况。

在案例中，村民委员会应当设立专人专岗负责未成年人保护工作，建立留守未成年人的信息档案。发现小刚独自一人在家后，村民委员会应当及时通知其父母委托照护人来照管小刚，并对委托人履行照护工作进行监督。如果小刚的父母不委托监护人的，村民委员会就应当暂行代为照管。如果村民委员会联系不到小刚的父母，还应当及时通知民政部门对小刚进行临时监护。

▶ 10. 农村外嫁女因继承权问题向村民委员会求助，村民委员会该怎么办

案例

某村老高夫妇有三个子女。去年老高摔伤了腿，老伴身体也不好，由于两个儿子都外出打工，丧偶的女儿便回到家中照顾。老高夫妇觉得自己的儿子不孝顺，便写下遗嘱，将二人所有的四间房子中的两间留给女儿，另两间分别留给两个儿子。遗嘱完成后不久老高夫妇就相继去世了，两个儿子从外面回来后说外嫁女儿没有继承权，遗嘱无效，房子他们一人两间。女儿被无情地赶了出来，只能到村民委员会求助。那么村民委员

会应当怎么处理这个问题呢?

解析

根据《民法典》第1126条的规定,继承权男女平等,女儿嫁出去后,同样享有平等的继承权。该法第1123条规定,在继承开始后,有遗嘱的,按照遗嘱继承或者遗赠办理;没有遗嘱的,按照法定继承办理。本案中老高夫妇已经留下了遗嘱,其儿女应当按照遗嘱继承。村民委员会应当告知老高的两个儿子相关的法律规定,让他们主动腾出属于老高女儿的房子。如果他们拒不交出房子,村民委员会可以帮助老高的女儿通过诉讼途径要回自己的房子。

二、生活保障服务

▶ 1. 法律规定的村民委员会作为监护人的情形有哪些

案例

某村小张今年7岁,周末全家人开车外出时,不幸发生车祸,父母和爷爷奶奶都去世了。小张是独生子,外公外婆也早已去世。小张妈妈是外省人,在本地没有什么亲戚。小张父亲这边的亲戚也没有能力抚养小张。现在小张要上学了,但是需要办理一些手续。村民委员会能作为小张的监护人签字吗?

解析

根据我国现有法律规定,无民事行为能力人和限制民事行为能力人都需要监护人。《民法典》第32条规定,当未成年人、无民事行为能力和限制民事行为能力的成年人没有依法具有监护资格的人的,监护人由民政部门担任,也可以由具备履行监护职责条件的被监护人住所地的居民委员会、村民委员会担任。所以,本案中村民委员会可以担任小张的监护人。

另外,对于丧失或者部分丧失民事行为能力成年人为自己指定监护人的,可根据《民法典》的相关规定来确定。《民法典》第33条规定:“具有完全民事行为能力的成年人,可以与其近亲属、其他愿意担任监护人的个人或者组织事先协商,以书面形式确定自己的监护人,在自己丧失或者部分丧失民事行为能力时,由该监护人履行监护职责。”如果有村民与村民委员会协商,以书面形式确定由村民委员会担任自己的监护人的,法律也是允许的。

▶ 2. 撤并学校后学生辍学情况严重,村民委员会该怎么办

案例

近年来,某村学校的中学部因为学生人数太少,就与几个邻村的中学合并。合并后,学生们需要寄宿,上学要花的钱多了,就不断有学生辍学。村民委员会在应对学生辍学的问题上应该注意哪些法律规定?

解析

未成年人接受教育既是他们的权利也是义务。在九年义务教育阶段,未成年人必须在学校上学。《义务教育法》(2018 年 12 月修订)第 13 条规定:“县级人民政府教育行政部门和乡镇人民政府组织和督促适龄儿童、少年入学,帮助解决适龄儿童、少年接受义务教育的困难,采取措施防止适龄儿童、少年辍学。居民委员会和村民委员会协助政府做好工作,督促适龄儿童、少年入学。”

根据教育部等十部门印发的《关于进一步加强控辍保学工作　健全义务教育有保障长效机制的若干意见》(教基〔2020〕5 号)第 3 部分的规定,要切实解决因学习困难、外出打工、早婚早育、信教等原因造成的辍学问题。

在留守儿童问题比较突出的地区,留守儿童辍学也比较严重,为了让留守儿童也上好学,国务院出台的《关于加强农村留守儿童关爱保护工作的意见》(国发〔2016〕13 号)中特别规定,“村(居)民委员会要定期走访、全面排查,及时掌握农村留守儿童的家庭情况、监护情况、就学情况等基本信息,并向乡镇人民政府(街道办事处)报告”。

所以,该村村民委员会要协助教育行政部门做好督促适龄儿童入学

的事情,对该村的留守儿童就学情况尽心排查并及时报告。

▶ 3. 村办学校能对本村外学生收费吗

案例

某村的小学是 20 世纪 90 年代村民集资盖的,所以不是本村的学生入学的话,学校都会收取借读费,并交部分给村里。2009 年村办小学被收编了。由于该村位于城乡接合部,本村学生减少,外来学生增多,村里决定取消借读费,但是遭到了本村村民的反对。村里的做法合适吗?

解析

2008 年出台的财政部、国家发展改革委《关于公布取消和停止征收 100 项行政事业性收费项目的通知》(财综〔2008〕78 号)中规定,从 2009 年 1 月 1 日起取消借读费。教育部 2010 年出台的《关于废止和修改部分规章的决定》(教育部第 30 号令)中规定,删除原《小学管理规程》(国家教育委员会令第 26 号)第 12 条中的“并可按有关规定收取借读费”(原《小学管理规程》第 12 条第 3 款规定,小学对因故在非户籍所在地申请就学的学生,经有关部门审核符合条件的,可准其借读,并可按有关规定收取借读费)。因此,村民的抗议是没有法律依据的,学校不再收取本村之外学生的借读费的做法符合法律规定。

▶ 4. 村民举报,村内有隐蔽的网吧、游戏厅让未成年人进入,村民委员会该怎么办

案例

某村村民王某的哥哥搬到了县城居住,暂时把自家的房子交给王某照管。王某非常喜欢上网,于是就在他哥哥家开了一家网吧,没有注册,没有招牌。来网吧的大部分都是村里的学生。多名学生家长向村里反

映,要求王某关掉黑网吧。村民委员会该如何处理?

解析

《互联网上网服务营业场所管理条例》(2019 年 3 月修订)第 7 条明确规定:"国家对互联网上网服务营业场所经营单位的经营活动实行许可制度。未经许可,任何组织和个人不得从事互联网上网服务经营活动。"根据《未成年人保护法》第 58 条的规定,禁止在学校、幼儿园周边设置互联网上网服务营业场所。禁止未成年人进入网吧。《互联网上网服务营业场所管理条例》第 9 条规定得更明确:"中学、小学校园周围 200 米范围内和居民住宅楼(院)内不得设立互联网上网服务营业场所。"根据《村民委员会组织法》第 9 条的规定,村民委员会的职责是宣传法律法规和国家政策、教育和推动村民履行法律规定的义务、发展文化教育等。如果在农村民宅出现非法经营的网吧,村民委员会有义务进行监督、举报。

对于王某开办黑网吧的行为,根据《互联网上网服务营业场所管理条例》第 27 条的规定,擅自从事互联网上网服务经营活动的,由文化行政主管部门或者由文化行政主管部门会同公安机关依法予以取缔,查封其从事违法经营活动的场所,扣押从事违法经营活动的专用工具、设备;触犯刑律的,依照我国《刑法》关于非法经营罪的规定,依法追究刑事责任;尚不够刑事处罚的,由文化行政主管部门没收违法所得及其从事违法经营活动的专用工具、设备;违法经营额 1 万元以上的,并处违法经营额 5 倍以上 10 倍以下的罚款;违法经营额不足 1 万元的,并处 1 万元以上 5 万元以下的罚款。

如果接纳未成年人进入营业场所,根据《未成年人保护法》第 123 条的规定,由行政主管部门责令限期改正,给予警告,没收违法所得,可以并处 5 万元以下罚款;拒不改正或者情节严重的,责令停业整顿或者吊销营业执照、吊销相关许可证,可以并处 5 万元以上 50 万元以下罚款。村民委员会虽然没有执法权,但有义务协助执法机关执法。

▶ 5. 落实留守儿童保护政策中,村民委员会承担的职责有哪些

案例

某村村民外出打工的越来越多,导致留守儿童、妇女、老年人逐渐增多,近年来留守儿童失学、辍学、发生意外的情况也逐渐增多。实际上,国家出台了很多这方面的政策。该村村民委员会在落实这些政策的过程中要注意哪些问题?

解析

留守儿童长期生活在农村,村民委员会是关爱留守儿童的第一线。国务院在2016年专门发布了《关于加强农村留守儿童关爱保护工作的意见》(国发〔2016〕13号),其中在多个方面都规定了村民委员会在帮助留守儿童中要承担的责任。具体如下:

第一,关爱留守儿童的一个基本原则是全民关爱。充分发挥村(居)民委员会、群团组织、社会组织、专业社会工作者、志愿者等各方面的积极作用,着力解决农村留守儿童在生活、监护、成长过程中遇到的困难和问题,形成全社会关爱农村留守儿童的良好氛围。

第二,完善农村留守儿童关爱服务体系中,"村(居)民委员会要加强对监护人的法治宣传、监护监督和指导,督促其履行监护责任,提高监护能力。村(居)民委员会要定期走访、全面排查,及时掌握农村留守儿童的家庭情况、监护情况、就学情况等基本信息,并向乡镇人民政府(街道办事处)报告;要为农村留守儿童通过电话、视频等方式与父母联系提供便利"。

第三,建立健全农村留守儿童救助保护机制。其一,建立强制报告机制,村(居)民委员会在工作中发现农村留守儿童脱离监护单独居住生活

或失踪、监护人丧失监护能力或不履行监护责任、疑似遭受家庭暴力、疑似遭受意外伤害或不法侵害等情况的,应当在第一时间向公安机关报告。其二,完善应急处置机制,村民委员会作为强制报告责任人要协助公安机关做好调查和应急处置工作。对于联系不上农村留守儿童父母的,村民委员会应当承担起临时监护照料的责任,并协助通知农村留守儿童父母立即返回或重新确定受委托监护人。其三,在强化监护干预机制中,对实施家庭暴力、虐待或遗弃农村留守儿童的父母或受委托监护人,在符合法律规定的条件下,村民委员会要依法向人民法院申请撤销监护人资格,另行指定监护人。

《未成年人保护法》第43条对于村民委员会在保护留守儿童方面也做了相关规定,包括:村民委员会应当设置专人专岗负责未成年人保护工作,协助政府有关部门宣传未成年人保护方面的法律法规,指导、帮助和监督未成年人的父母或者其他监护人依法履行监护职责,建立留守未成年人、困境未成年人的信息档案并给予关爱帮扶。村民委员会应当协助政府有关部门监督未成年人委托照护情况,发现被委托人缺乏照护能力、怠于履行照护职责等情况,应当及时向政府有关部门报告,并告知未成年人的父母或者其他监护人,帮助、督促被委托人履行照护职责。

▶ 6. 村内老年人三五成群聚在一起打麻将或打牌,有人举报赌博,村民委员会该怎么办

案例

某村留守老人比较多,很多老人午后聚集在某处房屋的外边打麻将或打扑克,每个人少量出钱,每一次输赢在三五十元之间。因为聚集的人多了,有些村民开始向村民委员会举报,反映说有人赌博,要求村民委员会管管。村民委员会该如何处理?

解析

赌博是严重的违法犯罪行为，根据《刑法》第303条的规定，以营利为目的，聚众赌博或者以赌博为业的，处3年以下有期徒刑、拘役或者管制，并处罚金。开设赌场的，处5年以下有期徒刑、拘役或者管制，并处罚金；情节严重的，处5年以上10年以下有期徒刑，并处罚金。

但是，只涉及少量财物输赢的娱乐活动，通常不认定为赌博，法律是不予处罚的。公安部《关于办理赌博违法案件适用法律若干问题的通知》（公通字〔2005〕30号）第9条明确规定："不以营利为目的，亲属之间进行带有财物输赢的打麻将、玩扑克等娱乐活动，不予处罚；亲属之外的其他人之间进行带有少量财物输赢的打麻将、玩扑克等娱乐活动，不予处罚。"这两类行为不是法律规定的"赌博"。

所以，案例中反映的情况是村民之间正常的休闲娱乐活动，不是赌博。不过，村民委员会应该进行正确引导，宣传法律规定，为老年人开展丰富多样的文化娱乐活动，避免正常的休闲娱乐活动演变成赌博行为。

7. 村民与村民委员会签订遗赠扶养协议时，村民委员会应履行的职责有哪些

案例

某村村民王大爷今年70岁，无儿无女，独自生活多年。在做过心脏手术后，王大爷的身体差了很多，虽能生活自理，但很多重活做不了了。经过与村民委员会协商，王大爷与村民委员会签订了一份遗赠扶养协议。村民委员会在履行协议时要注意哪些法律问题？

解析

《民法典》第1158条规定，"自然人可以与继承人以外的组织或者个人签订遗赠扶养协议。按照协议，该组织或者个人承担该自然人生养死

葬的义务,享有受遗赠的权利”。遗赠扶养协议使很多五保户老人实现了老有所养、老有所依。根据《民法典》第1158条以及最高人民法院《关于适用〈中华人民共和国民法典〉继承编的解释(一)》(2020年12月通过)第40条的规定,村民委员会在履行遗赠扶养协议时要注意以下几个问题:

(1)在遗赠扶养协议中一般都会明确遗赠人遗赠财产的范围,扶养人要承担哪些扶养义务。

在履行遗赠扶养协议期间,王大爷对协议中约定的财产,可以继续使用,如房屋、承包地等;约定的财产的受益,如承包地出租后的租金,也仍归王大爷所有。但是,对于约定的财产,王大爷不能自己随意处分,如赠给别人、卖掉等。如果王大爷把协议约定的财产处分了,村民委员会有权要求王大爷撤销处分。

(2)王大爷去世后,协议中约定的财产不按法定继承和遗嘱继承处理,直接按遗赠扶养协议处理。

(3)遗赠扶养协议也可以解除。如果村民委员会无正当理由不履行协议约定的扶养义务,那么王大爷可以解除遗赠扶养协议,并且村民委员会已经给王大爷的供养费用也不能要回来了。如果是王大爷无正当理由不履行协议约定,村民委员会可以解除协议,并且村民委员会已经支付的供养费用可以要求王大爷偿还。村民委员会应当注意,遗赠扶养协议是双方基于自愿平等签订的,所以一旦协议生效,双方都要严格履行协议约定。所以,在协议中必须把要遗赠的财产、扶养人要做好哪些生养死葬的事情等写清楚。否则,一旦因为履行协议发生纠纷,处理难度就会增大。

▶ 8. 村民委员会在落实社区养老工作中要履行哪些职责

案例

《老年人权益保障法》修订后,某村村民委员会接到乡政府的通知,要建立养老综合服务站。对站内开展的工作，村民委员会要做好哪些事？

解析

《老年人权益保障法》第4条第2款规定："国家和社会应当采取措施，健全保障老年人权益的各项制度，逐步改善保障老年人生活、健康、安全以及参与社会发展的条件，实现老有所养、老有所医、老有所为、老有所学、老有所乐。"第5条第2款规定："国家建立和完善以居家为基础、社区为依托、机构为支撑的社会养老服务体系。"村民委员会是基层群众自治组织，综合《老年人权益保障法》、国务院《关于加快发展养老服务业的若干意见》（国发〔2013〕35号）、全国老龄工作委员会办公室、最高人民法院、中共中央宣传部等《关于进一步加强老年人优待工作的意见》的要求，村民委员会有义务协助政府有关部门落实养老政策，具体包括：

（1）五保老人，老有所养。要完善农村养老服务托底的措施，将所有农村"三无"老人全部纳入五保供养范围，适时提高五保供养标准，健全农村五保供养机构功能，使农村五保老人老有所养。

（2）依托行政村、较大自然村，充分利用农家大院等，建设日间照料中心、托老所、老年活动站等互助性养老服务设施。农村党建活动室、卫生室、农家书屋、学校等要支持农村养老服务工作，组织与老年人相关的活动。

（3）充分发挥村民自治功能和老年协会作用，督促家庭成员承担赡养责任，组织开展邻里互助、志愿服务，解决周围老年人实际生活困难。

（4）政府投资兴办的养老机构，要在保障"三无"老年人、"五保"老年人服务需求的基础上，优先照顾经济困难的孤寡、失能、高龄老年人。

（5）免除农村老年人兴办公益事业的筹劳任务。经农村集体经济组织全体成员同意，将未承包的集体所有的部分土地、山林、水面、滩涂等作为养老基地，收益供老年人养老；纳入国家和地方湿地保护体系及其自然保护区的重要湿地除外。

(6)各级宣传文化部门和工、青、妇等群团组织要广泛开展志愿文化服务活动,为农村空巢、失能、留守老年人等特殊困难群体提供公益文化服务,进行精神慰藉和心理疏导。

9. 村民委员会在落实特困人员救助供养政策时,应履行的职责有哪些

案例

张某在外出打工时发生了交通事故,肇事人逃跑一直未能找到。张某因身有重度残疾找不到工作只能返回老家。村民委员会得知张某没有妻子和孩子,父母也都年过70丧失了劳动能力,因此为张某建立了村内特困人员档案,在帮助张某,落实帮扶特困人员的相关供养政策方面,村民委员会要注意哪些问题?

解析

根据《特困人员认定办法》(民发〔2021〕43号)第4条的规定,特困人员是指无劳动能力、无生活来源且无法定赡养、抚养、扶养义务人或者其法定义务人无履行义务能力的老年人、残疾人以及未成年人。该办法第24条第2款规定:"特困人员中的未成年人,可继续享有救助供养待遇至18周岁;年满18周岁仍在接受义务教育或者在普通高中、中等职业学校就读的,可继续享有救助供养待遇。"

对于被认定为特困人员的,国家给予救助供养,内容包括:提供基本生活条件;对生活不能自理的给予照料;提供疾病治疗;办理丧葬事宜等。村民委员会、居民委员会协助做好有关社会救助工作。

结合《社会救助暂行办法》第14~16条,中共中央办公厅、国务院办公厅《关于建立贫困退出机制的意见》,国务院《关于进一步健全特困人员救助供养制度的意见》(国发〔2016〕14号),民政部、财政部《关于进一

步做好困难群众基本生活保障工作的通知》(民发〔2020〕69号)中的有关内容,在落实扶贫工作中,村民委员会在做好特困人员供养工作方面主要有以下几项工作:

(1)对本人申请特困供养有困难的,村民委员会可以接受申请人的委托,代为向户籍所在地的乡镇人民政府、街道办事处提出书面申请。

(2)村民委员会应当加强对分散供养特困人员的照料服务,督促照料服务人员认真履行委托照料服务协议,全面落实各项照料服务,照顾好特困人员日常生活。加强对分散供养特困人员的探访,重点跟踪关注高龄、重度残疾等生活不能自理特困人员,帮助解决实际困难。

(3)分散供养特困人员死亡后的丧葬事宜,由乡镇人民政府(街道办事处)委托村(居)民委员会或者其亲属办理。丧葬费用从救助供养经费中支出。

(4)贫困户退出,由村"两委"组织民主评议后提出,经村"两委"和驻村工作队核实、拟退出贫困户认可,在村内公示无异议后,公告退出,并在建档立卡贫困人口中销号。

▶ 10. 村民举报村里的药店卖假药,村民委员会该如何处理

案例

某村新开了一家药店,是一个连锁店,有几种常用药卖得比其他药店便宜。后来有村民向村民委员会反映,这家药店的药品来源有问题,不是假药就是劣质药。村民委员会也安排委员去药店进行检查,对药店老板进行了询问,但是没有发现问题。村民委员会的处理合适吗?

解析

我国严厉打击生产、销售假药的行为。对于药品是否属于假药,法律有严格规定,村民委员会工作人员应当了解。例如,《药品管理法》(2019

年8月修订)第98条第2款规定,“有下列情形之一的,为假药:(一)药品所含成份与国家药品标准规定的成份不符;(二)以非药品冒充药品或者以他种药品冒充此种药品;(三)变质的药品;(四)药品所标明的适应症或者功能主治超出规定范围”。第3款规定,“有下列情形之一的,为劣药:(一)药品成份的含量不符合国家药品标准;(二)被污染的药品;(三)未标明或者更改有效期的药品;(四)未注明或者更改产品批号的药品;(五)超过有效期的药品;(六)擅自添加防腐剂、辅料的药品;(七)其他不符合药品标准的药品”。

从事药品零售活动,应当经所在地县级以上地方人民政府药品监督管理部门批准,取得药品经营许可证。无药品经营许可证的,不得经营药品。根据《药品管理法》的规定,药品监督管理部门负责药品的监管工作。该法第99条规定:“药品监督管理部门应当依照法律、法规的规定对药品研制、生产、经营和药品使用单位使用药品等活动进行监督检查,必要时可以对为药品研制、生产、经营、使用提供产品或者服务的单位和个人进行延伸检查,有关单位和个人应当予以配合,不得拒绝和隐瞒。药品监督管理部门应当对高风险的药品实施重点监督检查。对有证据证明可能存在安全隐患的,药品监督管理部门根据监督检查情况,应当采取告诫、约谈、限期整改以及暂停生产、销售、使用、进口等措施,并及时公布检查处理结果。药品监督管理部门进行监督检查时,应当出示证明文件,对监督检查中知悉的商业秘密应当保密。”

因此,村民委员会是没有法律依据也没有相应的资质对药店进行检查并盘问药店老板的,但可以要求药店出示药品经营许可证。

对于村民反映的情况,村民委员会发现有疑似假药或劣药的,应当及时向药品监督部门报告,并在执法部门执法时做好协助、配合工作。

第五篇 治安和人民调解

▶ 1. 村内巡逻员在执行公务时受伤,村民委员会应如何处理

案例

某村最近不太平,不少村民都向保安队反映家中财物被盗,于是村里保安队决定加强巡逻。一天晚上,治安员小张在巡逻时发现了小偷的踪影,并与其扭打起来,其他巡逻员循声而至,共同将小偷扭送至派出所。不过小张在与小偷扭打时受了轻伤,他希望村民委员会可以支付医疗费并给予一定的补偿。村民委员会应当如何处理此事?

解析

《民法典》第101条第1款规定:"居民委员会、村民委员会具有基层群众性自治组织法人资格,可以从事为履行职能所需要的民事活动。"因此,村民委员会招用人员如果具备劳动关系特征,也属于《劳动法》的调整范围,其应当与自己所招用的劳动者订立书面劳动合同,并为劳动者提供法律规定的劳动保障、承担相应的法律责任。某村村民委员会与小张之间属于劳动关系,村民委员会应当为其参加包括工伤保险内在的社会保险,小张因执行公务而受伤的,可以享受工伤保险待遇。

如果村民委员会没有给小张参加工伤保险,则应当按照《工伤保险条例》第62条第2款的规定,由村民委员会按照条例规定的工伤保险待遇项目和标准支付相关费用。

小张是因抓小偷而被小偷打伤,村民委员会在支付工伤待遇后,有权向小偷追偿。

▶ 2. 村内商贩在公共场所携带管制刀具,村治安员发现后该怎么办

案例

某村一年一度的庙会如期举办。卖糖果的商贩小李怕庙会人多危险,于是携带了匕首用于自保。村治安员小王在巡逻时正巧发现了此事,那么小王应当怎么处理呢?

解析

根据公安部发布的《对部分刀具实行管制的暂行规定》第 2 条的规定,匕首、三棱刀(包括机械加工用的三棱刮刀)、带有自锁装置的弹簧刀(跳刀)以及其他相类似的单刃、双刃、三棱尖刀,都属于管制刀具。《治安管理处罚法》第 32 条明确规定:“非法携带枪支、弹药或者弩、匕首等国家规定的管制器具的,处五日以下拘留,可以并处五百元以下罚款;情节较轻的,处警告或者二百元以下罚款。非法携带枪支、弹药或者弩、匕首等国家规定的管制器具进入公共场所或者公共交通工具的,处五日以上十日以下拘留,可以并处五百元以下罚款。”

小王作为治安员,没有执法权,只能及时和派出所民警联系,由民警没收小李的匕首,并将其带回派出所进行处罚。由于庙会属于公共场所,根据法律规定,小李会被公安机关处 5 日以上 10 日以下拘留,可以并处 500 元以下罚款。

▶ 3. 村治安保卫人员抓获小偷后,应当怎么做

案例

某村的治安保卫人员在夜间巡逻时抓获了一名正在屋内盗窃的小偷,将其关在了村民委员会办公室,打算天亮后再将其扭送至派出所。这

种做法正确吗?

解析

村民委员会这样做是不妥当的。

《刑事诉讼法》(2018 年 10 月修正)第 84 条规定:“对于有下列情形的人,任何公民都可以立即扭送公安机关、人民检察院或者人民法院处理:(一)正在实行犯罪或者在犯罪后即时被发觉的;(二)通缉在案的;(三)越狱逃跑的;(四)正在被追捕的。”

村治安保卫人员发现正在行窃的小偷,根据法律规定要“立即扭送”,虽然法律并没有规定“立即”的具体时限,但是还应当在控制嫌疑人之后尽快将其送至公安机关,而不应关押在村民委员会办公室。有些农村较为偏远,离公安机关比较远,也可以立即拨打“110”,告知相关情况,这样才能避免“非法拘禁”的法律风险。

另外,还需要注意的是,扭送小偷到公安机关的过程中不能游街示众。游街示众会侵犯小偷的人格权,可能会涉嫌“侮辱”的违法犯罪。

4. 村民将房屋出租给他人进行犯罪活动,村民委员会应当如何处理

案例

某村的村民向村民委员会反映,自老李将房子出租给一个外村年轻人后,经常有一些社会闲散青年去他家里彻夜玩闹,惊扰四邻。村民委员会去找老李核实情况,老李称不清楚年轻人的身份信息。老李曾经发现这些年轻人在房内吸食冰毒,但出于害怕不敢报警。村民委员会应当如何处理?

解析

村民委员会得知年轻人聚集一起是吸食冰毒后应当立即报警,由公安机关根据情况对他们进行治安处罚,涉及犯罪的依法追究其刑事责任。根据《治安管理处罚法》第72条的规定,有下列行为之一的,处10日以上15日以下拘留,可以并处2000元以下罚款;情节较轻的,处5日以下拘留或者500元以下罚款:非法持有鸦片不满200克、海洛因或者甲基苯丙胺不满10克或者其他少量毒品的;向他人提供毒品的;吸食、注射毒品的;胁迫、欺骗医务人员开具麻醉药品、精神药品的。

另外,本案中老李不知道年轻人的身份信息,且在知道年轻人容留他人吸毒的情况下不向公安机关报告,也应接受治安处罚。《治安管理处罚法》第57条规定:“房屋出租人将房屋出租给无身份证件的人居住的,或者不按规定登记承租人姓名、身份证件种类和号码的,处二百元以上五百元以下罚款。房屋出租人明知承租人利用出租房屋进行犯罪活动,不向公安机关报告的,处二百元以上五百元以下罚款;情节严重的,处五日以下拘留,可以并处五百元以下罚款。”

▶ 5. 村民在承包地上打群架,本村治安员应该如何处理

案例

某村的村民向治安员小李反映,一大帮村民在自己的承包地上打群架,希望得到解决。请问小李应当如何处理?

解析

小李作为村里的治安员不具有执法权,只能调解纠纷、协助维护社会治安,因此遇到打群架的情况,只能去进行调解,劝服双方理性解决纠纷。如果无法劝阻,应当及时和辖区的派出所联系,由派出所出警解决。

6. 如果发现本村村民"买卖"媳妇,村民委员会应如何介入

案例

最近某村的村民小王突然讨了个漂亮媳妇。这本来是件高兴的事情,但是村民委员会沈主任却听到其他村民反映,小王家的媳妇是从贵州的一个大山里被拐卖来的,希望村民委员会去调查一下。这种情况下村民委员会应当如何介入呢?

解析

村民委员会可以先去小王家走访调查,与小王的媳妇当面了解情况。如果确实存在收买被拐卖妇女的行为,可以劝小王尊重被买妇女的意愿,不要阻碍其返回原居住地,并且主动去公安机关投案自首,争取从轻或者减轻处罚。如果小王拒不同意让他"媳妇"返回原居住地,那么村民委员会应当立即向公安机关报案,由公安机关出警解救被拐卖妇女,并且配合公安机关的调查。被拐卖妇女被解救出来后,村民委员会应当对全体村民进行普法教育,告知村民拐卖妇女以及收买被拐卖妇女的后果,避免此类案件再次发生。

7. 村干部应如何将"枫桥经验"在本地落地生根

案例

某村的村干部学习得知,半个多世纪前,浙江诸暨干部群众创造了"发动和依靠群众,坚持矛盾不上交"的"枫桥经验",有效解决了基层各类矛盾和问题。村干部经过开会讨论后,都觉得应该将"枫桥经验"在本村推广,努力实现"小事不出村、矛盾不上交"。但是,要实现这个目标,应该怎么做呢?

解析

首先,“枫桥经验”始终坚持党的领导。枫桥干部群众在党的领导下充分发挥主观能动性,创造了就地化解矛盾的办法,发展出了一系列乡村治理的新思路。因此,村干部要推广“枫桥经验”,一定要加强村党支部的党建工作,通过党建来引领乡村治理创新。在新时代下,村干部应该充分利用“互联网+”,搭建微信公共服务平台,将村民聚集在平台上,提供村务、商务、生活等服务内容,满足村民的公共服务需要,为村干部与村民之间搭建起沟通的桥梁,同时还能使村干部尽早发现问题,并尽快介入解决。

其次,村干部要实现“小事不出村、矛盾不上交”,就要善于运用调解机制,实现调解工作“上门服务”,将矛盾消灭在初期。

最后,充分发挥群众的主动性,例如,可以让村里热心的大妈参与调解、协商,这样既能解决现实问题,还能在乡邻之间形成凝聚力。

8. 学习“枫桥经验”,为什么要创新群众工作方法

案例

某村的村干部在学习“枫桥经验”努力实现“小事不出村、矛盾不上交”的过程中,一直在想怎么样做好党建工作,为村民做好服务工作。他们的努力得到了村民的认可,该村的面貌焕然一新,但时间一长,有的村干部觉得工作太辛苦,有些懈怠。看到村干部的工作状态,村支部书记老张很着急,他该怎么解决问题呢?

解析

某村的村干部努力做好党建工作,为村民服务,这个思路和工作是对的,但并不全面。“枫桥经验”中非常重要也是非常可贵的一点是,坚持人民主体地位,不断创新群众工作方法,始终做到“一切依靠群众,一切

为了群众”，充分调动了群众力量来参与乡村治理，由群众组成的群防群治组织广泛参与预防赌博、社会纠纷、流动人口管理等社会治安活动。调动起群众的力量，不仅实现了乡村治理的自我管理、自我服务，还减轻了村干部的工作负担。因此，某村党支部书记要改变现状，就要创新群众工作方法，让村民真正参与进来，成立村民调解组织、治安小队、留守老人儿童关爱小组等，充分发挥群众的主动性，让大家来管好大家事，效果会更好。

▶ 9. 村干部处理涉农纠纷时应如何善用调解

案例

王家和张家是邻居，因为宅基地的四至不清而争得不可开交，两家经常跑到村民委员会闹。请问村民委员会要如何善用调解，解决这个纠纷呢？

解析

调解是指调解员通过说服、疏导等方法，促使当事人在平等协商基础上自愿达成调解协议，解决民间纠纷的活动。《人民调解法》第 21 条规定：“人民调解员调解民间纠纷，应当坚持原则，明法析理，主持公道。调解民间纠纷，应当及时、就地进行，防止矛盾激化。”第 22 条规定：“人民调解员根据纠纷的不同情况，可以采取多种方式调解民间纠纷，充分听取当事人的陈述，讲解有关法律、法规和国家政策，耐心疏导，在当事人平等协商、互谅互让的基础上提出纠纷解决方案，帮助当事人自愿达成调解协议。”

本案中村民委员会应当首先根据法律规定，明确宅基地的权属，制定调解方案，在平等协商的基础上，让双方自愿达成调解协议。

10. 村干部制定调解方案时应关注哪些方面

案例

某村村民委员会最近在调解一起村民家庭纠纷的案件。村干部在制定调解方案时应关注哪些方面呢?

解析

按照《人民调解法》第3条的规定,制定调解方案应当遵循以下原则:第一,调解应当是在当事人自愿、平等的基础上进行的;第二,调解方案不能违背法律、法规和国家政策;第三,调解方案应当尊重当事人的权利,不得因调解而阻止当事人依法通过仲裁、行政、司法等途径维护自己的权利。

11. 村民委员会与律师如何良性配合

案例

村民委员会最近发现,村民反映的很多问题都与法律相关,但村民委员会里缺乏法律专业方面的人才。于是村民委员会打算聘请一名律师作为法律顾问,帮助解决村民的一些问题。那么村民委员会与律师之间可以有哪些良性配合模式呢?

解析

如案例所述,村民委员会可以聘请律师作为法律顾问,帮助解决法律问题,如对集体资产的经营、管理等提出法律意见;起草、审查承包和租赁等土地承包合同和土地经营权流转合同;引导村民以合法方式和正常途径表达利益诉求,帮助化解矛盾;开展普法教育,提高村民的法律意识,提高村“两委”干部的法律素养和依法治理农村的能力;接受村民委员会的委托,处理仲裁、诉讼案件;还可以定期接待村民的咨询等。村民委员会加强与律师的合作与交流有助于维护村民的合法权益,有助于实施乡村振兴战略。

▶ 12. 村民委员会在调解家庭成员之间、邻里之间纠纷时的实用技巧有哪些

案例

某村的张大爷一家最近因为分家析产的事情闹得家无宁日,不得已张大爷来到村民委员会,希望帮助调解一下。那么村民委员会在调解家庭成员之间、邻里之间的纠纷时有哪些实用的技巧呢?

解析

家庭成员与邻里之间的纠纷往往比较琐碎,而且有误会的时候居多,村民委员会调解此类案件时可以使用"背对背"调解的方式,即由工作人员分别向每一个当事人了解案件情况。一方面可以给当事人抒发怨气的机会;另一方面也可以从不同当事人对案件的描述中找到症结所在,同时了解当事人的不同诉求。调解员找到争议的焦点所在后,应制定合理合法且具可操作性的调解方案,分别告知当事人法律的相关规定,晓之以理,动之以情,促使当事人调解。另外,根据调解纠纷的需要,在征得当事人的同意后,可以邀请了解案件情况的当事人的亲属、邻里、同事等参与调解,促使当事人在平等协商的基础上自愿达成调解协议,解决民间纠纷。

▶ 13. 如果人民调解员在调解纠纷中被当事人打伤,村民委员会应该怎么做

案例

某村的人民调解员小张在调解一起家庭纠纷时被当事人打伤,村民

委员会应该怎么做?

解析

村里的人民调解委员会是由村民委员会设立的,人民调解委员会委员由村民会议或者村民代表会议推选产生。《人民调解法》第16条规定:"人民调解员从事调解工作,应当给予适当的误工补贴;因从事调解工作致伤致残,生活发生困难的,当地人民政府应当提供必要的医疗、生活救助;在人民调解工作岗位上牺牲的人民调解员,其配偶、子女按照国家规定享受抚恤和优待。"因此小张被当事人打伤后,村民委员会应当先去看望,并由镇(乡)政府提供必要的医疗、生活救助,同时配合公安机关调查调解员被打案件,让侵权人承担相应的责任。

14. 村民买到假冒伪劣产品,村民委员会应该怎么引导村民依法维权

案例

某村有村民陆续向村民委员会反映自己买到了假的化肥农药,村民委员会应当怎么引导村民依法维权呢?

解析

《消费者权益保护法》第62条规定:"农民购买、使用直接用于农业生产的生产资料,参照本法执行。"因此,如果村民买到了假的化肥农药向村民委员会反映的,村民委员会应当按照《消费者权益保护法》的相关规定来进行引导。村民委员会可以依据该法第39条的规定,引导村民通过下列途径解决:(1)与经营者协商和解;(2)请求消费者协会或者依法成立的其他调解组织调解;(3)向有关行政部门投诉;(4)根据与经营者达成的仲裁协议提请仲裁机构仲裁;(5)向人民法院提起诉讼。同时需

要注意的是,本案如果系经营者提供商品或者服务有欺诈行为,根据《消费者权益保护法》第55条的规定,经营者应当按照消费者的要求增加赔偿其受到的损失,增加赔偿的金额为消费者购买商品的价款或者接受服务的费用的3倍;增加赔偿的金额不足500元的,为500元。因此,村民可以要求退一赔三。

▶ 15. 村民委员会在调解有关老年人的家庭纠纷时,应当注意哪些法律规定

案例

某村有一90岁高龄的老人,膝下有3个子女,可是都不孝顺。老人打算去养老院颐养天年,但每月需要支付2000元,因此希望村民委员会帮忙调解,让他的3个子女支付养老院的费用。村民委员会应当注意哪些法律问题呢?

解析

《民法典》第1067条第2款规定:"成年子女不履行赡养义务的,缺乏劳动能力或者生活困难的父母,有要求成年子女给付赡养费的权利。"《老年人权益保障法》第14条第1款、第2款规定:"赡养人应当履行对老年人经济上供养、生活上照料和精神上慰藉的义务,照顾老年人的特殊需要。赡养人是指老年人的子女以及其他依法负有赡养义务的人。"因此,在调解过程中,村民委员会除了对于赡养费用进行调解外,还应让赡养人定期去养老院看望老人。同时应注意赡养人不是支付了养老院的费用就可以不再支付其他费用了,根据《老年人权益保障法》第15条的规定,如果老年人患病,赡养人应当使患病的老年人及时得到治疗和护理;对经济困难的老年人,应当提供医疗费用。另外,该法第19条还规定,赡养人不得以放弃继承权或者其他理由,拒绝履行赡养义务。最后,由于调解协议

不能申请强制执行,村民委员会应监督协议的执行。如果赡养人拒不履行调解协议,或者双方无法签订调解协议,那么村民委员会可以协助老人去法院提起诉讼,要求三子女承担赡养义务。

▶ 16. 本村发生村民非正常死亡事件,村民委员会应急处理中应注意哪些问题

案例

某村发生了一件大事,失踪两天的小王被村民发现陈尸玉米地。小王的父母刚刚听到这个消息,伤心欲绝。那么村民委员会在处理时应当注意哪些问题呢?

解析

首先,村民委员会应及时报案,保护现场,并告知围观的群众不要接近可能的犯罪现场,破坏证据。其次,村民委员会应当安抚好受害人家属的情绪,避免出现其他悲剧。再次,非正常死亡必须进行法医检验,以确定死因。死者亲属对检验结果有异议的,事后应给予复检。家属要求保留尸体的,经批准后应允许保留一段时间。本案中,肯定需要对小王进行尸检,而其父母可能因为封建迷信等原因而拒绝尸检,需要村民委员会做通其父母的思想工作,不要给公安机关的工作增添麻烦。另外,有些家属不能接受法医作出的尸检结果,村民委员会可以引导其申请重新检验,通过合法途径解决问题。最后,村民委员会要及时公布信息,稳定其他村民的情绪,防止村民以讹传讹,制造更大的恐慌。村干部应赶赴现场做好群众的宣传解释工作。有关非正常死亡的性质、产生的原因、法律的相关规定等信息,应及时与当事人沟通,该公开的要公开,做到正确引导社会舆论。要做到不回避事实,不回避矛盾,主动接受新闻媒体的监督,欢迎律师介入,为妥善处理问题创造良好的外部环境。

第六篇
村“两委”违纪违法行为

一、纪律惩处

▶ 1. 在村级事务决策中独断专行、以权谋私的行为有哪些

案例

村党支部书记何某在处理村内事务时常常说一不二，虽然他确实也为村里的经济发展立下了汗马功劳，在村里很有威望，但是现在村子周边要建设一个工业园区，涉及部分村民的拆迁问题，村里出现了不同声音。在“两委”班子开会讨论时，何某对拆迁问题固执己见，引起了一些党员的不满，认为他独断专行。那么，在村级事务决策中独断专行、以权谋私的行为都有哪些，会受到什么党纪国法的惩处呢？

解析

在党的纪律面前人人平等，不允许任何党员享有特权。村党支部在讨论村内事务时，也必须按照民主集中制的原则开展工作，即使是村党支部书记也不能独断专行。按照《农村基层干部廉洁履行职责若干规定（试行）》第5条规定，党“两委”成员不准有下列行为，否则，依据《纪律处分条例》的相关规定给予党纪处分，构成犯罪的，会受到刑事处罚：

（1）违反规定处置集体资金、资产、资源，或者擅自用集体财产为他人提供担保，损害集体利益。该行为属于违反民主集中制原则，个人或者少数人决定重大问题，根据《纪律处分条例》第70条规定，给予警告或者严重警告处分；情节严重的，给予撤销党内职务或者留党察看处分。

（2）违法违规发包集体土地，调整收回农民承包土地，强迫或者阻碍

农民流转土地承包经营权,非法转让、出租集体土地,或者违反规定强制调整农民宅基地。如果属于违反民主集中制原则的违纪行为,根据《纪律处分条例》第70条规定给予党纪处分;如果构成干涉群众生产经营自主权的违纪行为,根据《纪律处分条例》第113条的规定,对直接责任者和领导责任者给予警告或者严重警告处分;情节严重的,给予撤销党内职务或者留党察看处分。

(3)在政府拨付和接受社会捐赠的各类救灾救助、补贴补助资金、物资以及退耕还林退牧还草款物、征地补偿费使用分配发放等方面违规操作、挪用、侵占,或者弄虚作假、优亲厚友。根据《纪律处分条例》第114条的规定,在扶贫救灾等事项中优亲厚友、明显有失公平的,给予警告或者严重警告处分;情节较重的,给予撤销党内职务或者留党察看处分;情节严重的,给予开除党籍处分。挪用、侵占救济款物、补贴补助等的,根据《纪律处分条例》第112条的规定,对直接责任者和领导责任者,情节较轻的,给予警告或者严重警告处分;情节较重的,给予撤销党内职务或者留党察看处分;情节严重的,给予开除党籍处分。挪用特定款物,情节严重,致使国家和人民群众遭受重大损失的,还会构成挪用特定款物罪,受到刑事处罚。

(4)在集体资金使用、集体经济项目和工程建设项目立项及承包、宅基地使用安排以及耕地、山林等集体资源承包、租赁、流转等经营活动中“暗箱操作”,为本人或者他人谋取私利。该行为可能构成贪污罪、职务侵占罪,同时根据《纪律处分条例》第29条的规定受到党纪处分。

(5)违背村民意愿超范围、超标准向村民筹资筹劳,加重村民负担,或者向村民乱集资、乱摊派、乱收费。根据《纪律处分条例》第112条的规定,对直接责任者和领导责任者,情节较轻的,给予警告或者严重警告处分;情节较重的,给予撤销党内职务或者留党察看处分;情节严重的,给予开除党籍处分。

▶ 2. 在村级事务管理中滥用职权、损公肥私的行为有哪些

案例

村里有一套价值2万余元的单反相机和摄像机,在村里开会、组织活动时使用。村党支部宣传委员魏某的弟弟要外出旅游,便找哥哥借来用一用。可是这一借就借了大半年,魏某的弟弟一直没有再提归还的事情。因为老见不到那套相机和摄像机,就有党员询问相机和摄像机的去向。那么,在村级事务管理中滥用职权、损公肥私的行为都有哪些,会受到什么党纪国法的处罚呢?

解析

根据《农村基层干部廉洁履行职责若干规定(试行)》第6条的规定,禁止在村级事务管理中滥用职权、损公肥私。不准有下列行为,否则会受到党纪国法的惩处:

(1)采取侵占、截留、挪用、私分、骗取等手段非法占有集体资金、资产、资源或者其他公共财物。该行为可能构成职务侵占罪、贪污罪、挪用公款罪,同时根据《纪律处分条例》第29条的规定也会受到党纪处分。

(2)在计划生育、落户、殡葬等各项管理、服务工作中或者受委托从事公务活动时,吃拿卡要、故意刁难群众或者收受、索取财物。根据《纪律处分条例》第112条的规定,对直接责任者和领导责任者,情节较轻的,给予警告或者严重警告处分;情节较重的,给予撤销党内职务或者留党察看处分;情节严重的,给予开除党籍处分。

(3)违反规定无据收(付)款,不按审批程序报销发票,或者设立“小金库”,隐瞒、截留、坐支集体收入。该行为属于违反财政法规的违法行为,同时,根据《纪律处分条例》第29条的规定,进行党纪处分。

(4)以虚报、冒领等手段套取、骗取或者截留、私分国家对集体土地

的补偿、补助费以及各项强农惠农补助资金、项目扶持资金。该行为已经触犯了刑法,可能构成诈骗罪、贪污罪,同时根据《纪律处分条例》第 29 条的规定,对其进行党纪处分。

(5)未经批准擅自借用集体款物或者经批准借用集体款物但逾期不还,或者违反规定用集体资金、公物操办个人婚丧喜庆事宜。擅自借用集体款物或者借用后逾期不还的,可能构成挪用公款罪,同时根据《纪律处分条例》第 29 条受到党纪处分;用集体资金、公物操办个人婚丧喜庆事宜的,属于《纪律处分条例》第 101 条“利用职权或者职务上的影响,侵占非本人经管的公私财物”的行为,给予警告或者严重警告处分;情节较重的,给予撤销党内职务或者留党察看处分;情节严重的,给予开除党籍处分。

(6)以办理村务为名,请客送礼、大吃大喝,挥霍浪费集体资金,或者滥发奖金、补贴,用集体资金支付应当由个人负担的费用。违反规定请客送礼的,根据《纪律处分条例》第 89 条规定,情节较重的,给予警告或者严重警告处分;情节严重的,给予撤销党内职务或者留党察看处分。违规大吃大喝的,根据《纪律处分条例》第 106 条的规定,对直接责任者和领导责任者,情节较重的,给予警告或者严重警告处分;情节严重的,给予撤销党内职务处分。滥发奖金、补贴的,根据《纪律处分条例》第 104 条的规定,对直接责任者和领导责任者,情节较轻的,给予警告或者严重警告处分;情节较重的,给予撤销党内职务或者留党察看处分;情节严重的,给予开除党籍处分。用集体资金支付个人费用的,可能构成贪污罪,并按照《纪律处分条例》第 29 条给予党纪处分。

宣传委员魏某利用职务之便将村里的相机借给家人,而且也没有按照要求归还,在党员和群众中产生了不好的影响,有损一名共产党员的形象,应当按照《纪律处分条例》第 102 条的规定接受纪律处分,即“利用职权或者职务上的影响,违反有关规定占用公物归个人使用,时间超过 6 个月,情节较重的,给予警告或者严重警告处分;情节严重的,给予撤销党内职务处分。占用公物进行营利活动的,给予警告或者严重警告处分;情节较重的,给予撤销党内职务或者留党察看处分;情节严重的,给予开除党籍处分。将公物借给他人进行营利活动的,依照前款规定处理”。

▶ 3. 在村级事务监督中弄虚作假、逃避监督的行为有哪些

案例

村民委员会是村民自我管理、自我教育、自我服务的基层群众性自治组织,除了“两委”干部,村民也应该参与到村内事务中来。当然,受主客观条件等多种因素的影响,村民不可能直接参与事务的管理,但是村民可以通过村民会议、村民代表会议、村务监督小组等形式讨论决定村内事务,并对村“两委”干部进行监督。对村级事务进行监督是法律赋予村民的权利,任何人不得干涉。那么,村“两委”干部在村级事务监督中弄虚作假、逃避监督的行为有哪些,会受到什么党纪处分呢?

解析

根据中共中央办公厅、国务院办公厅《关于健全和完善村务公开和民主管理制度的意见》第 2 部分第 1 条的规定,财务公开是村务公开的重点之一,所有收支必须逐项逐笔公布明细账目,让群众了解、监督村集体资产和财务收支情况。同时,还应当将土地征用补偿及分配、农村机动地和“四荒地”发包、村集体债权债务、税费改革和农业税减免政策、村内“一事一议”筹资筹劳、新型农村合作医疗、种粮直接补贴、退耕还林还草款物兑现,以及国家其他补贴农民、资助村集体的政策落实情况,及时纳入村务公开的内容。农民群众要求公开的其他事项,也应公开。

《村民委员会组织法》第 30 条第 2 款对村务公开的内容有明确的规定:“村民委员会应当及时公布下列事项,接受村民的监督:(一)本法第二十三条、第二十四条规定的由村民会议、村民代表会议讨论决定的事项

及其实施情况;(二)国家计划生育政策的落实方案;(三)政府拨付和接受社会捐赠的救灾救助、补贴补助等资金、物资的管理使用情况;(四)村民委员会协助人民政府开展工作的情况;(五)涉及本村村民利益,村民普遍关心的其他事项。”

中共中央办公厅、国务院办公厅《关于健全和完善村务公开和民主管理制度的意见》中提出,村务公开监督小组成员经村民会议或村民代表会议在村民代表中推选产生,负责监督村务公开制度的落实。《村民委员会组织法》第32条也规定了,村应当建立村务监督委员会或者其他形式的村务监督机构,负责村民民主理财,监督村务公开等制度的落实,其成员由村民会议或者村民代表会议在村民中推选产生,其中应有具备财会、管理知识的人员。

村务监督委员会或者其他形式的村务监督机构应当依法履行监督职责,对村民委员会成员是否廉洁履行职责的情况进行监督。

根据《农村基层干部廉洁履行职责若干规定(试行)》第7条的规定,在接受村务监督时,禁止在村级事务监督中弄虚作假、逃避监督。不准有下列行为:

(1)不按照规定实行民主理财,或者伪造、变造、隐匿、销毁财务会计资料。不实行民主理财属于违反民主集中制原则的违纪行为,应按照《纪律处分条例》第70条的规定,给予警告或者严重警告处分;情节严重的,给予撤销党内职务或者留党察看处分。伪造、变造、隐匿、销毁财务会计资料的,可能构成隐匿、故意销毁会计凭证罪,同时应根据《纪律处分条例》第29条给予党纪处分。

(2)阻挠、干扰村民依法行使询问质询权、罢免权等监督权利。根据《村民委员会组织法》第31条的规定,干扰村民依法行使民主监督权利的,村民有权向乡、民族乡、镇的人民政府或者县级人民政府及其有关主管部门反映,有关人民政府或者主管部门应当负责调查核实,责令依法公布;经查证确有违法行为的,有关人员应当依法承担责任。同时,根据

《纪律处分条例》第29条的规定，给予党纪处分。

（3）阻挠、干扰经济责任审计以及其他重大事项的审计。有该行为的，根据各地出台的农村集体经济审计相关规定进行处理，并按照《纪律处分条例》第29条给予党纪处分。

（4）阻挠、干扰有关机关、部门依法进行的监督检查或者案件查处。如果该行为构成对抗组织审查的，依据《纪律处分条例》第56条的规定，给予警告或者严重警告处分；情节较重的，给予撤销党内职务或者留党察看处分；情节严重的，给予开除党籍处分。如果是阻碍司法机关查处案件的，可能构成妨害公务罪，同时也会受到党纪处分。

▶ 4. 村“两委”干部妨害和扰乱社会管理秩序的行为有哪些

案例

某村有一块6亩多的地，正好位于第八村民小组和第九村民小组之间。本来这块地一直没人关注，但是，随着周边工业园区的兴起，这块地就成了抢手的香饽饽，第八村民小组和第九村民小组都认为这块地是属于本小组的，双方多次发生争吵。一日，第八村民小组趁人不备在这块地上种植了林木，第九村民小组组长、村民委员会副主任王某听说后马上就带着十来个人赶过去，打算跟对方讨个说法。幸亏有其他村民看见并报了警，才没有发生严重的群殴事件。作为一名共产党员，王某这种简单粗暴的做法产生了非常不好的社会影响，后被乡里批评教育。那么，村“两委”干部妨害和扰乱社会管理秩序的行为有哪些，会受到什么党纪国法的处罚呢？

解析

村“两委”干部应该带头遵守法律法规、谨言慎行，为全体村民作出表率。因此，根据《农村基层干部廉洁履行职责若干规定（试行）》第8条

的规定,严格禁止村“两委”干部实施以下妨害和扰乱社会管理秩序的行为,否则会受到党纪国法的严厉惩处:

(1)参与、纵容、支持黑恶势力活动。构成黑社会性质组织犯罪的,依据我国《刑法》第 294 条给予刑事处罚,并根据《纪律处分条例》第 29 条的规定给予党纪处分;尚不构成犯罪而给予治安处罚的,同时也应给予党纪处分。

(2)组织、参与宗族宗派纷争或者聚众闹事。在对该行为进行治安处理的同时,还应依据《纪律处分条例》第 29 条进行党纪处分。

(3)参与色情、赌博、吸毒、迷信、邪教等活动或者为其提供便利条件。组织参加会道门或者邪教组织的,根据《纪律处分条例》第 58 条的规定,对策划者、组织者和骨干分子,给予开除党籍处分。对其他参加人员,情节较轻的,给予警告或者严重警告处分;情节较重的,给予撤销党内职务或者留党察看处分;情节严重的,给予开除党籍处分。组织参加迷信活动的,根据《纪律处分条例》第 63 条的规定,组织迷信活动的,给予撤销党内职务或者留党察看处分;情节严重的,给予开除党籍处分。参加迷信活动,造成不良影响的,给予警告或者严重警告处分;情节较重的,给予撤销党内职务或者留党察看处分;情节严重的,给予开除党籍处分。与他人发生不正当性关系,造成不良影响的,根据《纪律处分条例》第 135 条的规定,给予警告或者严重警告处分;情节较重的,给予撤销党内职务或者留党察看处分;情节严重的,给予开除党籍处分。参与赌博、吸毒等违法行为的,根据《治安管理处罚法》第 70 条、第 72 条进行处罚,并按照《纪律处分条例》第 29 条的规定进行党纪处分。

(4)违反计划生育政策或者纵容、支持他人违反计划生育政策。该违法行为同时也会受到党纪处分。

当然,扰乱公共秩序,妨害公共安全,侵犯人身权利、财产权利,妨害社会管理,具有社会危害性,依照我国《刑法》规定构成犯罪的,应依法追究刑事责任;尚不够刑事处罚的,由公安机关进行治安管理处罚。村党员干部实施如上行为的，除受到刑事法律追究以及公安机关的行政处罚外，还要受到党纪惩处。

▶ 5. 对村“两委”班子成员违反廉洁履行职责规范的该如何处理

案例

村“两委”是指村党支部和村民委员会，在村级事务管理和服务中发挥了不可或缺的作用。村党支部和村民委员会是两套班子、两套人马，当然也存在交叉任职的情形。村“两委”班子中只要是党员，就要遵守党的纪律；否则，除受到法律处罚外还要受到党规党纪的惩处。实践中，也有村民委员会成员是非党员身份，不在接受党纪处分之列，但该承担的法律责任还要承担。那么，如果村“两委”班子成员违反了廉洁履行职责规范，该如何处理呢？

解析

（1）关于村党组织领导班子成员

根据《农村基层干部廉洁履行职责若干规定（试行）》第21条的规定，村党组织领导班子成员有违反廉洁履行职责行为规范的行为的，视情节轻重，由有关机关、部门依照职责权限给予警示谈话、责令公开检讨、通报批评、停职检查、责令辞职、免职等处理。应当追究党纪责任的，依照《纪律处分条例》给予相应的党纪处分。涉嫌犯罪的，移送司法机关依法处理。

（2）关于村民委员会成员

根据《农村基层干部廉洁履行职责若干规定（试行）》第22条的规定，村民委员会成员有违反廉洁履行职责行为规范的行为的，视情节轻重，由有关机关、部门依照职责权限给予警示谈话、责令公开检讨、通报批评、取消当选资格等处理或者责令其辞职;拒不辞职的,依照我国《村民委员会组织法》的规定予以罢免。对其中的党员,应当追究党纪责任的,依照《纪律处分条例》给予相应的党纪处分。涉嫌犯罪的,移送司法机关依法处理。

(3)关于农村集体经济组织负责人及村民小组负责人等

根据《农村基层干部廉洁履行职责若干规定(试行)》第26条第2款的规定,乡镇其他干部、基层站所其他工作人员,农村集体经济组织中的党组织(含党委、总支、支部)领导班子成员、农村集体经济组织负责人,村民小组负责人,参照村“两委”班子成员执行。

▶ 6. 对于侵犯本村党员权利的行为应如何处理

案例

发展党内民主是确保党的生机和活力的重要方式之一,党章规定的党员享有的各项权利必须受到尊重和保护,党的任何一级组织、任何党员都无权剥夺。对于侵犯本村党员权利的行为,应该如何处理?

解析

党员应当正确行使党章规定的各项权利,并在宪法和法律的范围内活动,同时必须履行党章规定的义务,不得侵犯其他党员的权利。

对侵犯党员权利的行为进行处理是保障党员权利的重要环节。《中国共产党党员权利保障条例》第47条第2款规定:“对于有侵犯党员权利行为的党员,其所在党支部或者上级党组织可以采取责令停止侵权行为、责令赔礼道歉,以及批评教育、责令检查、诫勉等方式给予处理;情节较重的,按照规定给予组织调整或者组织处理、党纪处分。”

根据《中国共产党党员权利保障条例》第47条第1款的规定,对于有侵犯党员权利行为的村党支部,乡镇党委作为上级党组织应当责令改正;

情节较重的,按照规定追究纪律责任。根据《中国共产党党员权利保障条例》第 49 条的规定,对于因侵犯党员权利受到党纪追究或者在保障党员权利方面失职失责被问责的党员,需要给予政务处分或者其他处理的,作出党纪处分决定、问责决定的党组织应当通报相关单位,由相关单位依法给予政务处分或者其他处理;构成犯罪的,依法追究刑事责任。

7. 党内监督的重点是什么

案例

对党员和党组织的监督至关重要。尤其是处在最基层的农村党支部和农村党员,他们的言行举止始终处于群众目光审视之下。党要管党、从严治党是党的建设的根本方针。那么,党内监督的重点是什么?

解析

根据《中国共产党党内监督条例》第 5 条的规定,党内监督的主要内容是:(1)遵守党章党规,坚定理想信念,践行党的宗旨,模范遵守宪法法律情况;(2)维护党中央集中统一领导,牢固树立政治意识、大局意识、核心意识、看齐意识,贯彻落实党的理论和路线方针政策,确保全党令行禁止情况;(3)坚持民主集中制,严肃党内政治生活,贯彻党员个人服从党的组织,少数服从多数,下级组织服从上级组织,全党各个组织和全体党员服从党的全国代表大会和中央委员会原则情况;(4)落实全面从严治党责任,严明党的纪律特别是政治纪律和政治规矩,推进党风廉政建设和反腐败工作情况;(5)落实中央八项规定精神,加强作风建设,密切联系群众,巩固党的执政基础情况;(6)坚持党的干部标准,树立正确选人用人导向,执行干部选拔任用工作规定情况;(7)廉洁自律、秉公用权情况;(8)完成党中央和上级党组织部署的任务情况。

为了将党内监督落到实处,《中国共产党党员权利保障条例》第 32

条第2款规定,党组织应当保障检举控告人的权益,对检举控告人的信息以及检举控告内容必须严格保密,严禁将检举控告材料转给被检举控告的组织和人员。提倡和鼓励实名检举控告,对实名检举控告优先办理、优先处置,告知受理情况、反馈处理结果;对于检举控告严重违纪违法问题经查证属实的,应当给予表扬。

8. 村党组织、党员在党内监督方面都有哪些责任和权利

案例

在村党支部讨论拆迁工作时,党支部书记何某表示村里一定要无条件支持拆迁工作。党支部副书记周某在会上明确表达了不同意见,他认为村里一定要有自己明确的步骤和程序。何某与周某发生了争吵。周某认为自己作为党员有权利发表意见,不能为了党支部一片和谐而放弃党内监督,更不能侵犯党员的权利。周某说得有道理吗?

解析

党支部副书记周某的说法是有道理的,党员可以发表自己的看法。根据《中国共产党党内监督条例》第36条的规定,党员应当本着对党和人民事业高度负责的态度,积极行使党员权利,履行下列监督义务:(1)加强对党的领导干部的民主监督,及时向党组织反映群众意见和诉求;(2)在党的会议上有根据地批评党的任何组织和任何党员,揭露和纠正工作中存在的缺点和问题;(3)参加党组织开展的评议领导干部活动,勇于触及矛盾问题、指出缺点错误,对错误言行敢于较真、敢于斗争;(4)向党负责地揭发、检举党的任何组织和任何党员违纪违法的事实,坚决反对一切派别活动和小集团活动,同腐败现象作坚决斗争。

当然,党员有党内申辩权,根据《中国共产党党员权利保障条例》第15条的规定,党员有权实事求是地对被反映的本人问题向党组织作出说

明、解释;在基层党组织讨论决定对自身处分或者作出鉴定时,有权参加和进行申辩,其他党员可以为其作证和辩护。

▶ 9. 村党支部讨论工作应遵循什么议事规则

案例

民主集中制是中国共产党的组织原则,是党的根本组织制度和领导制度。民主集中制是让党员和党组织积极表达自己的主张,鼓励创造性,同时又凝聚全党的意志,体现集体智慧的结晶。村党支部讨论的工作往往都是事无巨细,讨论起来也容易产生意见分歧。但是,真理越辩越明,一定要按照程序如实记录不同意见。那么,村党支部讨论工作应遵循什么议事规则?

解析

村党支部应当制定、完善并严格执行议事规则,保证决策科学、民主。按照议事规则应当由集体讨论决定的事项,必须列入会议议程。

根据《中国共产党章程》第17条第1款的规定,村党支部讨论决定问题,必须执行少数服从多数的原则。决定重要问题,要进行表决。对于少数人的不同意见,应当认真考虑。如对重要问题发生争论,双方人数接近,除了在紧急情况下必须按多数意见执行外,应当暂缓作出决定,进一步调查研究,交换意见,下次再表决;在特殊情况下,也可将争论情况向上级组织报告,请求裁决。党员有权在党组织讨论决定问题时按照规定参加表决。表决时可以表示赞成、不赞成或者弃权。

《中国共产党党员权利保障条例》第9条规定,党员有党内参加讨论权,有权在党的会议上和党报党刊上参加关于党的理论、政策的学习讨论,并充分发表意见;有权按照规定在党内参加有关重要决策和重要问题的讨论,参加党组织开展的征求意见等活动,反映真实情况,积极建言献策。党员在讨论党的基本理论、基本路线、基本方略的过程中,应当自觉同党中央保持高度一致。

《中国共产党章程》第17条第2款规定,党员个人代表党组织发表重要主张,如果超出党组织已有决定的范围,必须提交所在的党组织讨论决定,或向上级党组织请示。任何党员不论职务高低,都不能个人决定重大问题;如遇紧急情况,必须由个人作出决定时,事后要迅速向党组织报告。不允许任何领导人实行个人专断和把个人凌驾于组织之上。

《中国共产党党员权利保障条例》第16条规定,党员对党的决议和政策如有不同意见,在坚决执行的前提下,有权向党组织声明保留,并且可以把自己的意见向党的上级组织直至中央反映;有权按照规定在党组织讨论决定“三重一大”事项或者征求意见、干部选拔任用以及公示等过程中提出不同意见。党员不得公开发表同中央决定不一致的意见。

《中国共产党党员权利保障条例》第23条规定,党组织作出重要决议决定前,应当通过调研、论证、咨询等方式,充分征求党员意见,在党内凝聚共识、汇集智慧。党的地方组织、基层组织研究作出重要决议决定,应当在本级组织管辖的一定范围内征求党员意见。在一般情况下,对于存在重大分歧的,应当在进一步调查研究、交换意见后再启动决策程序。

▶ 10. 对本村重要情况以及重大问题不报告或者请示的,应如何处理

案例

村党支部处在农村的最基层,在村级事务中发挥了重要作用。当本村出现群体性事件以及其他重要情况时,村党支部和村民委员会均需承担起责任,要进行紧急处理使状态不继续恶化,同时及时向乡镇党委政府及其他相关部门进行报告或者请示。对本村重要情况以及重大问题不报告或者请示的,应如何处理?

解析

《中国共产党章程》第10条第4项规定，村党组织既要向上级组织请示和报告工作，又要独立负责地解决自己职责范围内的问题。《中国共产党章程》第17条第2款规定，任何党员不论职务高低，都不能个人决定重大问题；如遇紧急情况，必须由个人作出决定时，事后要迅速向党组织报告。

《纪律处分条例》第54条规定，不按照有关规定向组织请示、报告重大事项，情节较重的，给予警告或者严重警告处分；情节严重的，给予撤销党内职务或者留党察看处分。《纪律处分条例》第125条规定，在上级检查、视察工作或者向上级汇报、报告工作时对应当报告的事项不报告或者不如实报告，造成严重损害或者严重不良影响的，对直接责任者和领导责任者，给予警告或者严重警告处分；情节严重的，给予撤销党内职务或者留党察看处分。在上级检查、视察工作或者向上级汇报、报告工作时纵容、唆使、暗示、强迫下级说假话、报假情的，从重或者加重处分。同时，根据《中国共产党党员权利保障条例》第20条第2款的规定，村党支部作出的决议、决定，应当按照规定及时向党员通报。

▶ 11. 村“两委”干部违反减轻农民负担政策的行为有哪些

案例

某村要修一条路，村“两委”班子决定组织村民出资出力进行修建。在没有召开村民会议或者村民代表会议的情况下，村“两委”就发出通知：要求每家每户都要出人力参与到劳动中来；如果有因外出务工或经商不能返家的，则需支付1000元交给村里，由村里统一协调劳力；如果家里有大学毕业生，需再多支付1000元支持村里修好这条路。某村“两委”为村里修路的初衷是好的，但是由于违反了“一事一议”管理制度而有点儿强行摊派的意思，引起了村民的不满。那么，村“两委”干部违反减轻农民负担政策的行为都有哪些?

解析

根据中共中央纪律检查委员会、原监察部、原农业部发布的《关于执行〈关于对涉及农民负担案(事)件实行责任追究的暂行办法〉若干问题的解释》第3条的规定,这些行为包括:(1)违反有关规定,擅自出台涉及农民负担收费文件或者收费项目、擅自提高收费标准,增加农民负担的;(2)违反“一事一议”管理规定向农民筹资筹劳,或者强行以资代劳的;(3)向农村中小学生乱收费和搭车收费的;(4)组织要农民出钱出物出工的达标升级活动,或者以检查验收、评比等形式搞变相达标升级活动的;(5)向农民收取没有法律、法规依据的行政事业性收费的;(6)对农民乱罚款和进行各种集资、摊派的;(7)违反自愿原则,强行向农民提供经营性服务收取服务费用或者只收费不服务的;(8)动用警力、警械或者组织工作队,到农民家中收款收物的;(9)在收取税费过程中,强行以物抵款,或者殴打、关押农民的;(10)截留、挪用、克扣粮食直接补贴、良种补贴、农机具购置补贴、退耕还林钱粮补助等应发给农民的各种补贴资金,或者向农民“打白条”的;(11)违反减免农业税政策,不对农民依法减免农业税,或者减免农业税不到位的;(12)其他违反减轻农民负担政策的行为。

《中国共产党纪律处分条例》第112条规定:“有下列行为之一,对直接责任者和领导责任者,情节较轻的,给予警告或者严重警告处分;情节较重的,给予撤销党内职务或者留党察看处分;情节严重的,给予开除党籍处分:(一)超标准、超范围向群众筹资筹劳、摊派费用,加重群众负担的;(二)违反有关规定扣留、收缴群众款物或者处罚群众的;(三)克扣群众财物,或者违反有关规定拖欠群众钱款的;(四)在管理、服务活动中违反有关规定收取费用的;(五)在办理涉及群众事务时刁难群众、吃拿卡要的;(六)有其他侵害群众利益行为的。在扶贫领域有上述行为的,从重或者加重处分。”

根据上述规定，村“两委”干部违反减轻农民负担政策的行为会受到相应的党纪处分。

12. 因农民负担问题引发重大案(事)件后，追究对象是谁

案例

出现影响农村社会稳定的重大案(事)件后，各方应该主动作为，排查不稳定因素，积极妥善地处理农村各种矛盾，把农民的负担减下来。那么，责任追究对象是谁呢?

解析

根据中共中央办公厅、国务院办公厅《关于印发〈关于对涉及农民负担案(事)件实行责任追究的暂行办法〉的通知》(中办发〔2002〕19号)第2~4条的规定，责任追究的对象，是指因农民负担问题引发的恶性案件、严重群体性事件或造成重大影响的其他案(事)件的县(市、区)、乡(镇)的党政主要负责人和对案(事)件发生负有直接领导责任的其他党政领导班子成员，以及有关部门的领导人员和其他直接责任人员。

实行责任追究要坚持实事求是、客观公正的原则。

地方各级党委、政府应当对本地区贯彻执行减轻农民负担政策的情况实行有效的监督管理，严格执行责任追究制度，对发生涉及农民负担的恶性案件、严重群体性事件或造成重大影响的其他案(事)件负有责任的县(市、区)、乡(镇)党政领导人员和其他直接责任人员，给予党纪、政纪处分。

13. 对村党支部和党员的纪律处分种类都有哪些

案例

处在最基层的党支部和党员，需要认真学习党中央文件以及各级党

组织发布的政策和纪律,否则一旦有违纪情形,就要受到惩处。对村党支部和党员的纪律处分种类都有哪些?

解析

(1)对于违犯党的纪律的党组织,根据《纪律处分条例》第9条、第15条、第16条的规定,上级党组织应当责令其作出检查或者进行通报批评。对于严重违犯党的纪律、本身又不能纠正的党组织,上一级党的委员会在查明核实后,根据情节严重的程度,可以予以:

①改组。受到改组处理的党组织领导机构成员,除应当受到撤销党内职务以上(含撤销党内职务)处分的外,均自然免职。

②解散。对于受到解散处理的党组织中的党员,应当逐个审查。其中,符合党员条件的,应当重新登记,并参加新的组织过党的生活;不符合党员条件的,应当对其进行教育、限期改正,经教育仍无转变的,予以劝退或者除名;有违纪行为的,依照规定予以追究。

对于由违纪行为所获得的经济利益,应当收缴或者责令退赔。对于由违纪行为所获得的职务、职称、学历、学位、奖励、资格等其他利益,应当由承办案件的纪检机关或者由其上级纪检机关建议有关组织、部门、单位按照规定予以纠正。

(2)根据《纪律处分条例》第8条、第10~14条的规定,针对农村党员的纪律处分措施有:

①警告。党员受到警告处分一年内,不得在党内提升职务和向党外组织推荐担任高于其原任职务的党外职务。对于党员违犯党纪应当给予警告处分,但是具有法定从轻或者减轻处分情节的,可以给予批评教育、责令检查、诫勉或者组织处理,免予党纪处分。对违纪党员免予处分,应当作出书面结论。

②严重警告。党员受到严重警告处分1年半内,不得在党内提升职务和向党外组织推荐担任高于其原任职务的党外职务。同样,对于党员

违犯党纪应当给予严重警告处分,但是具有法定从轻或者减轻处分情节的,可以给予批评教育、责令检查、诫勉或者组织处理,免予党纪处分。对违纪党员免予处分,应当作出书面结论。

③撤销党内职务。即撤销受处分党员由党内选举或者组织任命的党内职务。对于在党内担任两个以上职务的,党组织在作处分决定时,应当明确是撤销其一切职务还是一个或者几个职务。如果决定撤销其一个职务,必须撤销其担任的最高职务。如果决定撤销其两个以上职务,则必须从其担任的最高职务开始依次撤销。对于在党外组织担任职务的,应当建议党外组织依照规定作出相应处理。

对于应当受到撤销党内职务处分,但是本人没有担任党内职务的,应当给予其严重警告处分。同时,在党外组织担任职务的,应当建议党外组织撤销其党外职务。党员受到撤销党内职务处分,或者依照前款规定受到严重警告处分的,2 年内不得在党内担任和向党外组织推荐担任与其原任职务相当或者高于其原任职务的职务。

④留党察看。留党察看处分,分为留党察看 1 年、留党察看 2 年。对于受到留党察看处分 1 年的党员,期满后仍不符合恢复党员权利条件的,应当延长 1 年留党察看期限。留党察看期限最长不得超过 2 年。党员受留党察看处分期间,没有表决权、选举权和被选举权。留党察看期间,确有悔改表现的,期满后恢复其党员权利;坚持不改或者又发现其他应当受到党纪处分的违纪行为的,应当开除党籍。

党员受到留党察看处分,其党内职务自然撤销。对于担任党外职务的,应当建议党外组织撤销其党外职务。受到留党察看处分的党员,恢复党员权利后 2 年内,不得在党内担任和向党外组织推荐担任与其原任职务相当或者高于其原任职务的职务。

党的各级代表大会的代表受到留党察看以上(含留党察看)处分的,党组织应当终止其代表资格。

⑤开除党籍。党员受到开除党籍处分,5 年内不得重新入党,也不得

推荐担任与其原任职务相当或者高于其原任职务的党外职务。另有规定不准重新入党的,依照规定。

▶ 14. 党员在哪些情况下会被开除党籍

案例

年轻党员李某参加完同学聚会后,在醉酒的情况下仍然坚持自行开车回家。途中,李某将路上行人撞倒,但为了逃避法律责任,他没有下车查看行人的伤情而是径直把车开走。后该行人被好心人送往医院,捡回了一条命,但受了重伤。李某后来因交通肇事罪被判刑4年。与此同时,李某所在的党组织也给予他开除党籍的处分。李某真是追悔莫及。那么,党员在哪些情况下会被开除党籍?

解析

党员应该遵守宪法、法律和党规党纪。根据《纪律处分条例》第32条第1款的规定,党员有下列刑事犯罪情形之一的,应当给予开除党籍处分:(1)因故意犯罪被依法判处《刑法》规定的主刑(含宣告缓刑)的;(2)被单处或者附加剥夺政治权利的;(3)因过失犯罪,被依法判处3年以上(不含3年)有期徒刑的。

《纪律处分条例》第32条第2款规定,因过失犯罪被判处3年以下(含3年)有期徒刑或者被判处管制、拘役的,一般应当开除党籍。对于个别可以不开除党籍的,应当对照处分党员批准权限的规定,报请上一级党组织批准。

《纪律处分条例》第33条第4款规定,党组织作出党纪处分或者组织处理决定后,司法机关、行政机关等依法改变原生效判决、裁定、决定等,对原党纪处分或者组织处理决定产生影响的,党组织应当根据改变后的生效判决、裁定、决定等重新作出相应处理。

除了刑事犯罪导致开除党籍外，还需要注意的是，在《纪律处分条例》中有11项违纪行为的党纪处分直接就是开除党籍，包括：(1)公开发表反党言论（第45条）；(2)在党内组织秘密集团或者组织其他分裂党的活动（第48条）；(3)组织、参加反党活动的策划者、组织者和骨干分子（第57条）；(4)组织、参加反党组织的策划者、组织者和骨干分子（第58条）；(5)组织、参加会道门或者邪教组织的策划者、组织者和骨干分子（第59条）；(6)挑拨、破坏民族关系或者参加民族分裂活动的策划者、组织者和骨干分子（第60条）；(7)组织、利用宗教活动反党的策划者、组织者和骨干分子（第61条）；(8)参与利用宗教搞煽动活动的（第62条）；(9)组织、利用宗族势力对抗党和政府的策划者、组织者和骨干分子（第64条）；(10)叛逃行为（第65条第1款）；(11)在国（境）外公开发表反党言论（第65条第2款）。

▶ 15. 对于涉嫌违法犯罪的党员，党纪处分和国法处罚该如何衔接

案例

一切党员都要遵守宪法和法律，都必须在宪法和法律的框架内参与活动。同时，党员还要有更高的行为标准，应遵守党纪规定。对于涉嫌违法犯罪的党员，党组织该如何衔接党纪处分和国法处罚呢？

解析

《纪律处分条例》第27条规定，党组织在纪律审查中发现党员有贪污贿赂、滥用职权、玩忽职守、权力寻租、利益输送、徇私舞弊、浪费国家资财等违反法律涉嫌犯罪行为的，应当给予撤销党内职务、留党察看或者开除党籍处分。

《纪律处分条例》第28条规定，党组织在纪律审查中发现党员有《刑

法》规定的行为,虽不构成犯罪但须追究党纪责任的,或者有其他违法行为,损害党、国家和人民利益的,应当视具体情节给予警告直至开除党籍处分。

《纪律处分条例》第 29 条规定,党组织在纪律审查中发现党员严重违纪涉嫌违法犯罪的,原则上先作出党纪处分决定,并按照规定给予政务处分后,再移送有关国家机关依法处理。

16. 什么情况下要对党员从重或者加重处分

案例

田某在担任党支部书记期间,不但自己虚报账目,而且还唆使村里的会计赵某按照他的要求多列开支,最后因被其他党员举报而东窗事发。像田某这种强迫、唆使他人违纪的行为,属于从重或者加重处分的情节。那么,在什么情况下要对党员从重或者加重处分?

解析

根据《纪律处分条例》第 21 条、第 22 条的规定,从重处分,是指在该条例规定的违纪行为应当受到的处分幅度以内,给予较重的处分。加重处分,是指在该条例规定的违纪行为应当受到的处分幅度以外,加重一档给予处分。

《纪律处分条例》第 20 条规定,有下列情形之一的,应当从重或者加重处分:(1)强迫、唆使他人违纪的;(2)拒不上交或者退赔违纪所得的;(3)违纪受处分后又因故意违纪应当受到党纪处分的;(4)违纪受到党纪处分后,又被发现其受处分前的违纪行为应当受到党纪处分的;(5)本条例另有规定的。

▶ 17. 什么情况下可以对党员从轻或者减轻处分

案例

会计赵某本身并没有做假账的想法，但因田某是村党支部书记，赵某不想得罪他，便听从田某的指挥做了假账，不过他私下又单独存了一份真实的财务记录。赵某的行为已经违反了党的纪律，但是他能够积极配合党组织查清事实，且又是被强迫、唆使之人，所以可以从轻或者减轻处分。那么，在什么情况下可以对党员从轻或者减轻处分？

解析

根据《纪律处分条例》第21条、第22条的规定，从轻处分，是指在该条例规定的违纪行为应当受到的处分幅度以内，给予较轻的处分。减轻处分，是指在该条例规定的违纪行为应当受到的处分幅度以外，减轻一档给予处分。

《纪律处分条例》第17条规定，有下列情形之一的，可以从轻或者减轻处分：(1)主动交代本人应当受到党纪处分的问题的；(2)在组织核实、立案审查过程中，能够配合核实审查工作，如实说明本人违纪违法事实的；(3)检举同案人或者其他人应当受到党纪处分或者法律追究的问题，经查证属实的；(4)主动挽回损失、消除不良影响或者有效阻止危害结果发生的；(5)主动上交违纪所得的；(6)有其他立功表现的。

《纪律处分条例》第38条规定，所称主动交代，是指涉嫌违纪的党员在组织初核前向有关组织交代自己的问题，或者在初核和立案审查其问题期间交代组织未掌握的问题。

▶ 18. 村党组织违纪应如何处理

案例

某村借召开工作座谈会、工作总结会、现场工作会、年终总结会等之机,4 次在酒店聚餐、发放土特产品以及礼品等,共计消费 4 万余元,违反了中央“八项规定”。接到举报后,县、乡两级纪委对该村党支部书记和村民委员会主任给予党内警告处分,党支部班子其他成员也受到了不同程度的处分,所有费用已退还。那么,村党组织班子违纪应如何处理?

解析

根据《纪律处分条例》第 25 条的规定,两人以上(含两人)共同故意违纪的,对为首者,从重处分,另有规定的除外;对其他成员,按照其在共同违纪中所起的作用和应负的责任,分别给予处分。

对于经济方面共同违纪的,按照个人所得数额及其所起作用,分别给予处分。对违纪集团的首要分子,按照集团违纪的总数额处分;对其他共同违纪的为首者,情节严重的,按照共同违纪的总数额处分。

教唆他人违纪的,应当按照其在共同违纪中所起的作用追究党纪责任。

《纪律处分条例》第 26 条规定,党组织领导机构集体作出违犯党纪的决定或者实施其他违犯党纪的行为,对具有共同故意的成员,按共同违纪处理;对过失违纪的成员,按照各自在集体违纪中所起的作用和应负的责任分别给予处分。

▶ 19. 对党员作出纪律处分后,村党支部还需要履行哪些程序

案例

某村党员陈某因其儿子满月办满月酒,当天共操办酒席 16 桌,收受礼金近万元。事后,陈某受到镇党委党内警告处分。那么,对党员作出纪律处分后,村党支部还需要履行哪些程序?

解析

根据《纪律处分条例》第41条的规定，上级党组织作出党纪处分决定后，村党支部应当在1个月内向受处分党员所在党的基层组织中的全体党员及其本人宣布，是领导班子成员的还应当向所在党组织领导班子宣布，并按照干部管理权限和组织关系将处分决定材料归入受处分者档案；对于受到撤销党内职务以上（含撤销党内职务）处分的，还应当在1个月内办理职务、工资、工作及其他有关待遇等相应变更手续；涉及撤销或者调整其党外职务的，应当建议党外组织及时撤销或者调整其党外职务。在特殊情况下，经作出或者批准作出处分决定的组织批准，可以适当延长办理期限。办理期限最长不得超过6个月。

《纪律处分条例》第42条规定，执行党纪处分决定的机关或者受处分党员所在单位，应当在6个月内将处分决定的执行情况向作出或者批准处分决定的机关报告。党员对所受党纪处分不服的，可以依照党章及有关规定提出申诉。

20. 党员干部应了解的违反政治纪律的违纪行为及其处分有哪些

案例

何某是某村一名党员，未按照规定向组织请示、报告重大事项。镇党委经调查核实后，认为何某的行为违反了党纪中的政治纪律，因情节较严重，故给予何某警告处分。那么，哪些行为违反了党的政治纪律呢？党纪对这些行为又是如何处分的？

解析

《纪律处分条例》第6章（第44～69条）是“对违反政治纪律的处分”，其中规定了以下违反政治纪律的行为及其处分：

(1)在重大原则问题上不同党中央保持一致且有实际言论、行为或者造成不良后果的,给予警告或者严重警告处分;情节较重的,给予撤销党内职务或者留党察看处分;情节严重的,给予开除党籍处分。

(2)通过网络、广播、电视、报刊、传单、书籍等,或者利用讲座、论坛、报告会、座谈会等方式,公开发表坚持资产阶级自由化立场、反对四项基本原则,反对党的改革开放决策的文章、演说、宣言、声明等的,给予开除党籍处分。发布、播出、刊登、出版前款所列文章、演说、宣言、声明等或者为上述行为提供方便条件的,对直接责任者和领导责任者,给予严重警告或者撤销党内职务处分;情节严重的,给予留党察看或者开除党籍处分。

(3)通过网络、广播、电视、报刊、传单、书籍等,或者利用讲座、论坛、报告会、座谈会等方式,有下列行为之一,情节较轻的,给予警告或者严重警告处分;情节较重的,给予撤销党内职务或者留党察看处分;情节严重的,给予开除党籍处分:①公开发表违背四项基本原则,违背、歪曲党的改革开放决策,或者其他有严重政治问题的文章、演说、宣言、声明等的;②妄议党中央大政方针,破坏党的集中统一的;③丑化党和国家形象,或者诋毁、诬蔑党和国家领导人、英雄模范,或者歪曲党的历史、中华人民共和国历史、人民军队历史的。

发布、播出、刊登、出版前款所列内容或者为上述行为提供方便条件的,对直接责任者和领导责任者,给予严重警告或者撤销党内职务处分;情节严重的,给予留党察看或者开除党籍处分。

(4)制作、贩卖、传播上述(2)(3)所列内容之一的书刊、音像制品、电子读物、网络音视频资料等,情节较轻的,给予警告或者严重警告处分;情节较重的,给予撤销党内职务或者留党察看处分;情节严重的,给予开除党籍处分。

私自携带、寄递上述(2)(3)所列内容之一的书刊、音像制品、电子读物等入出境,情节较重的,给予警告或者严重警告处分;情节严重的,给予撤销党内职务、留党察看或者开除党籍处分。

(5)在党内组织秘密集团或者组织其他分裂党的活动的,给予开除党籍处分。

参加秘密集团或者参加其他分裂党的活动的,给予留党察看或者开除党籍处分。

(6)在党内搞团团伙伙、结党营私、拉帮结派、培植个人势力等非组织活动,或者通过搞利益交换、为自己营造声势等活动捞取政治资本的,给予严重警告或者撤销党内职务处分;导致本地区、本部门、本单位政治生态恶化的,给予留党察看或者开除党籍处分。

(7)党员领导干部在本人主政的地方或者分管的部门自行其是,搞山头主义,拒不执行党中央确定的大政方针,甚至背着党中央另搞一套的,给予撤销党内职务、留党察看或者开除党籍处分。

落实党中央决策部署不坚决,打折扣、搞变通,在政治上造成不良影响或者严重后果的,给予警告或者严重警告处分;情节严重的,给予撤销党内职务、留党察看或者开除党籍处分。

(8)对党不忠诚不老实,表里不一,阳奉阴违,欺上瞒下,搞两面派,做两面人,情节较轻的,给予警告或者严重警告处分;情节较重的,给予撤销党内职务或者留党察看处分;情节严重的,给予开除党籍处分。

(9)制造、散布、传播政治谣言,破坏党的团结统一的,给予警告或者严重警告处分;情节较重的,给予撤销党内职务或者留党察看处分;情节严重的,给予开除党籍处分。

政治品行恶劣,匿名诬告,有意陷害或者制造其他谣言,造成损害或者不良影响的,依照前款规定处理。

(10)擅自对应当由党中央决定的重大政策问题作出决定、对外发表主张的,对直接责任者和领导责任者,给予严重警告或者撤销党内职务处分;情节严重的,给予留党察看或者开除党籍处分。

(11)不按照有关规定向组织请示、报告重大事项,情节较重的,给予警告或者严重警告处分;情节严重的,给予撤销党内职务或者留党察看处分。

(12)干扰巡视巡察工作或者不落实巡视巡察整改要求,情节较轻的,给予警告或者严重警告处分;情节较重的,给予撤销党内职务或者留党察看处分;情节严重的,给予开除党籍处分。

(13)对抗组织审查,有下列行为之一的,给予警告或者严重警告处分;情节较重的,给予撤销党内职务或者留党察看处分;情节严重的,给予开除党籍处分:串供或者伪造、销毁、转移、隐匿证据的;阻止他人揭发检举、提供证据材料的;包庇同案人员的;向组织提供虚假情况,掩盖事实的;有其他对抗组织审查行为的。

(14)组织、参加反对党的基本理论、基本路线、基本方略或者重大方针政策的集会、游行、示威等活动的,或者以组织讲座、论坛、报告会、座谈会等方式,反对党的基本理论、基本路线、基本方略或者重大方针政策,造成严重不良影响的,对策划者、组织者和骨干分子,给予开除党籍处分。

对其他参加人员或者以提供信息、资料、财物、场地等方式支持上述活动者,情节较轻的,给予警告或者严重警告处分;情节较重的,给予撤销党内职务或者留党察看处分;情节严重的,给予开除党籍处分。

对不明真相被裹挟参加,经批评教育后确有悔改表现的,可以免予处分或者不予处分。

未经组织批准参加其他集会、游行、示威等活动,情节较轻的,给予警告或者严重警告处分;情节较重的,给予撤销党内职务或者留党察看处分;情节严重的,给予开除党籍处分。

(15)组织、参加旨在反对党的领导、反对社会主义制度或者敌视政府等组织的,对策划者、组织者和骨干分子,给予开除党籍处分。

对其他参加人员,情节较轻的,给予警告或者严重警告处分;情节较重的,给予撤销党内职务或者留党察看处分;情节严重的,给予开除党籍处分。

(16)组织、参加会道门或者邪教组织的,对策划者、组织者和骨干分子，给予开除党籍处分。

对其他参加人员，情节较轻的，给予警告或者严重警告处分；情节较重的，给予撤销党内职务或者留党察看处分；情节严重的，给予开除党籍处分。

对不明真相的参加人员，经批评教育后确有悔改表现的，可以免予处分或者不予处分。

(17)从事、参与挑拨破坏民族关系制造事端或者参加民族分裂活动的，对策划者、组织者和骨干分子，给予开除党籍处分。

对其他参加人员，情节较轻的，给予警告或者严重警告处分；情节较重的，给予撤销党内职务或者留党察看处分；情节严重的，给予开除党籍处分。

对不明真相被裹挟参加，经批评教育后确有悔改表现的，可以免予处分或者不予处分。

有其他违反党和国家民族政策的行为，情节较轻的，给予警告或者严重警告处分；情节较重的，给予撤销党内职务或者留党察看处分；情节严重的，给予开除党籍处分。

(18)组织、利用宗教活动反对党的路线、方针、政策和决议，破坏民族团结的，对策划者、组织者和骨干分子，给予开除党籍处分。

对其他参加人员，给予撤销党内职务或者留党察看处分；情节严重的，给予开除党籍处分。

对不明真相被裹挟参加，经批评教育后确有悔改表现的，可以免予处分或者不予处分。

有其他违反党和国家宗教政策的行为，情节较轻的，给予警告或者严重警告处分；情节较重的，给予撤销党内职务或者留党察看处分；情节严重的，给予开除党籍处分。

(19)对信仰宗教的党员，应当加强思想教育，经党组织帮助教育仍没有转变的，应当劝其退党；劝而不退的，予以除名；参与利用宗教搞煽动活动的，给予开除党籍处分。

（20）组织迷信活动的，给予撤销党内职务或者留党察看处分；情节严重的，给予开除党籍处分。

参加迷信活动，造成不良影响的，给予警告或者严重警告处分；情节较重的，给予撤销党内职务或者留党察看处分；情节严重的，给予开除党籍处分。

对不明真相的参加人员，经批评教育后确有悔改表现的，可以免予处分或者不予处分。

（21）组织、利用宗族势力对抗党和政府，妨碍党和国家的方针政策以及决策部署的实施，或者破坏党的基层组织建设的，对策划者、组织者和骨干分子，给予开除党籍处分。

对其他参加人员，给予撤销党内职务或者留党察看处分；情节严重的，给予开除党籍处分。

对不明真相被裹挟参加，经批评教育后确有悔改表现的，可以免予处分或者不予处分。

（22）在国（境）外、外国驻华使（领）馆申请政治避难，或者违纪后逃往国（境）外、外国驻华使（领）馆的，给予开除党籍处分。

在国（境）外公开发表反对党和政府的文章、演说、宣言、声明等的，依照前款规定处理。

故意为上述行为提供方便条件的，给予留党察看或者开除党籍处分。

（23）在涉外活动中，其言行在政治上造成恶劣影响，损害党和国家尊严、利益的，给予撤销党内职务或者留党察看处分；情节严重的，给予开除党籍处分。

（24）不履行全面从严治党主体责任、监督责任或者履行全面从严治党主体责任、监督责任不力，给党组织造成严重损害或者严重不良影响的，对直接责任者和领导责任者，给予警告或者严重警告处分；情节严重的,给予撤销党内职务或者留党察看处分。

(25)党员领导干部对违反政治纪律和政治规矩等错误思想和行为不报告、不抵制、不斗争,放任不管,搞无原则一团和气,造成不良影响的,给予警告或者严重警告处分;情节严重的,给予撤销党内职务或者留党察看处分。

(26)违反党的优良传统和工作惯例等党的规矩,在政治上造成不良影响的,给予警告或者严重警告处分;情节较重的,给予撤销党内职务或者留党察看处分;情节严重的,给予开除党籍处分。

▶ 21. 党员干部应了解的违反组织纪律的违纪行为及其处分有哪些

案例

前一段时间,为了帮助在外地工作的侄子能够入职一家国企,村支书李某给侄子开了一个其身份为共产党员、在村党支部参加组织活动的假证明,后因违反组织纪律而受到党纪处分。那么,违反组织纪律的行为有哪些?这些违纪行为会受到什么处分?

解析

村支书李某的行为违反了《纪律处分条例》第80条的规定,即“为非党员出具党员身份证明的”,对直接责任者和领导责任者,给予警告或者严重警告处分;情节严重的,给予撤销党内职务处分。

根据《纪律处分条例》第7章(第70~84条)规定,违反组织纪律的行为以及相应的党纪处分包括以下几个方面。

(1)违反民主集中制原则,有下列行为之一的,给予警告或者严重警告处分;情节严重的,给予撤销党内职务或者留党察看处分:①拒不执行或者擅自改变党组织作出的重大决定的;②违反议事规则,个人或者少数人决定重大问题的;③故意规避集体决策,决定重大事项、重要干部任免、重要项目安排和大额资金使用的;④借集体决策名义集体违规的。

(2)下级党组织拒不执行或者擅自改变上级党组织决定的,对直接责任者和领导责任者,给予警告或者严重警告处分;情节严重的,给予撤销党内职务或者留党察看处分。

(3)拒不执行党组织的分配、调动、交流等决定的,给予警告、严重警告或者撤销党内职务处分。

在特殊时期或者紧急状况下,拒不执行党组织决定的,给予留党察看或者开除党籍处分。

(4)有下列行为之一,情节较重的,给予警告或者严重警告处分:①违反个人有关事项报告规定,隐瞒不报的;②在组织进行谈话、函询时,不如实向组织说明问题的;③不按要求报告或者不如实报告个人去向的;④不如实填报个人档案资料的。

篡改、伪造个人档案资料的,给予严重警告处分;情节严重的,给予撤销党内职务或者留党察看处分。

隐瞒入党前严重错误的,一般应当予以除名;对入党后表现尚好的,给予严重警告、撤销党内职务或者留党察看处分。

(5)党员领导干部违反有关规定组织、参加自发成立的老乡会、校友会、战友会等,情节严重的,给予警告、严重警告或者撤销党内职务处分。

(6)有下列行为之一的,给予警告或者严重警告处分;情节较重的,给予撤销党内职务或者留党察看处分;情节严重的,给予开除党籍处分:①在民主推荐、民主测评、组织考察和党内选举中搞拉票、助选等非组织活动的;②在法律规定的投票、选举活动中违背组织原则搞非组织活动,组织、怂恿、诱使他人投票、表决的;③在选举中进行其他违反党章、其他党内法规和有关章程活动的。

搞有组织的拉票贿选,或者用公款拉票贿选的,从重或者加重处分。

(7)在干部选拔任用工作中,有任人唯亲、排斥异己、封官许愿、说情干预、跑官要官、突击提拔或者调整干部等违反干部选拔任用规定行为，对直接责任者和领导责任者，情节较轻的，给予警告或者严重警告处分；情节较重的，给予撤销党内职务或者留党察看处分；情节严重的，给予开除党籍处分。

用人失察失误造成严重后果的，对直接责任者和领导责任者，依照前款规定处理。

（8）在干部、职工的录用、考核、职务晋升、职称评定和征兵、安置复转军人等工作中，隐瞒、歪曲事实真相，或者利用职权或者职务上的影响违反有关规定为本人或者其他人谋取利益的，给予警告或者严重警告处分；情节较重的，给予撤销党内职务或者留党察看处分；情节严重的，给予开除党籍处分。

弄虚作假，骗取职务、职级、职称、待遇、资格、学历、学位、荣誉或者其他利益的，依照前款规定处理。

（9）侵犯党员的表决权、选举权和被选举权，情节较重的，给予警告或者严重警告处分；情节严重的，给予撤销党内职务处分。

以强迫、威胁、欺骗、拉拢等手段，妨害党员自主行使表决权、选举权和被选举权的，给予撤销党内职务、留党察看或者开除党籍处分。

（10）有下列行为之一的，给予警告或者严重警告处分；情节较重的，给予撤销党内职务或者留党察看处分；情节严重的，给予开除党籍处分：①对批评、检举、控告进行阻挠、压制，或者将批评、检举、控告材料私自扣压、销毁，或者故意将其泄露给他人的；②对党员的申辩、辩护、作证等进行压制，造成不良后果的；③压制党员申诉，造成不良后果的，或者不按照有关规定处理党员申诉的；④有其他侵犯党员权利行为，造成不良后果的。

对批评人、检举人、控告人、证人及其他人员打击报复的，从重或者加重处分。

党组织有上述行为的，对直接责任者和领导责任者，依照前述规定处理。

(11)违反党章和其他党内法规的规定,采取弄虚作假或者其他手段把不符合党员条件的人发展为党员,或者为非党员出具党员身份证明的,对直接责任者和领导责任者,给予警告或者严重警告处分;情节严重的,给予撤销党内职务处分。

违反有关规定程序发展党员的,对直接责任者和领导责任者,依照前款规定处理。

(12)违反有关规定取得外国国籍或者获取国(境)外永久居留资格、长期居留许可的,给予撤销党内职务、留党察看或者开除党籍处分。

(13)违反有关规定办理因私出国(境)证件、前往港澳通行证,或者未经批准出入国(边)境,情节较轻的,给予警告或者严重警告处分;情节较重的,给予撤销党内职务处分;情节严重的,给予留党察看处分。

(14)驻外机构或者临时出国(境)团(组)中的党员擅自脱离组织,或者从事外事、机要、军事等工作的党员违反有关规定同国(境)外机构、人员联系和交往的,给予警告、严重警告或者撤销党内职务处分。

(15)驻外机构或者临时出国(境)团(组)中的党员,脱离组织出走时间不满6个月又自动回归的,给予撤销党内职务或者留党察看处分;脱离组织出走时间超过6个月的,按照自行脱党处理,党内予以除名。

故意为他人脱离组织出走提供方便条件的,给予警告、严重警告或者撤销党内职务处分。

22. 党员干部应了解的违反廉洁纪律的违纪行为及其处分有哪些

案例

婚丧嫁娶乃人生大事,尤其是在农村,人们非常重视。但是,如果农村党员干部不顾党规党纪的规定,违规大操大办,甚至利用自己在村里的地位借机敛财，则不仅败坏了社会风气，也扭曲了正常的民俗人情。某村村支书为儿子大办婚礼，开席135桌，收取大量礼金，就因违反廉洁纪律而受到了党纪处分。那么，党员干部违反廉洁纪律的行为有哪些？这些行为会受到什么处分？

解析

《纪律处分条例》第8章（第85～111条）规定了对违反廉洁纪律的处分，这些违纪行为及其相应的党纪处分有以下几个方面。

（1）党员干部必须正确行使人民赋予的权力，清正廉洁，反对任何滥用职权、谋求私利的行为。

利用职权或者职务上的影响为他人谋取利益，本人的配偶、子女及其配偶等亲属和其他特定关系人收受对方财物，情节较重的，给予警告或者严重警告处分；情节严重的，给予撤销党内职务、留党察看或者开除党籍处分。

（2）相互利用职权或者职务上的影响为对方及其配偶、子女及其配偶等亲属、身边工作人员和其他特定关系人谋取利益搞权权交易的，给予警告或者严重警告处分；情节较重的，给予撤销党内职务或者留党察看处分；情节严重的，给予开除党籍处分。

（3）纵容、默许配偶、子女及其配偶等亲属、身边工作人员和其他特定关系人利用党员干部本人职权或者职务上的影响谋取私利，情节较轻的，给予警告或者严重警告处分；情节较重的，给予撤销党内职务或者留党察看处分；情节严重的，给予开除党籍处分。

党员干部的配偶、子女及其配偶等亲属和其他特定关系人不实际工作而获取薪酬或者虽实际工作但领取明显超出同职级标准薪酬，党员干部知情未予纠正的，依照前款规定处理。

（4）收受可能影响公正执行公务的礼品、礼金、消费卡和有价证券、股权、其他金融产品等财物，情节较轻的，给予警告或者严重警告处分；情节较重的,给予撤销党内职务或者留党察看处分;情节严重的,给予开除党籍处分。

收受其他明显超出正常礼尚往来的财物的,依照前款规定处理。

(5)向从事公务的人员及其配偶、子女及其配偶等亲属和其他特定关系人赠送明显超出正常礼尚往来的礼品、礼金、消费卡和有价证券、股权、其他金融产品等财物,情节较重的,给予警告或者严重警告处分;情节严重的,给予撤销党内职务或者留党察看处分。

(6)借用管理和服务对象的钱款、住房、车辆等,影响公正执行公务,情节较重的,给予警告或者严重警告处分;情节严重的,给予撤销党内职务、留党察看或者开除党籍处分。

通过民间借贷等金融活动获取大额回报,影响公正执行公务的,依照前款规定处理。

(7)利用职权或者职务上的影响操办婚丧喜庆事宜,在社会上造成不良影响的,给予警告或者严重警告处分;情节严重的,给予撤销党内职务处分;借机敛财或者有其他侵犯国家、集体和人民利益行为的,从重或者加重处分,直至开除党籍。

(8)接受、提供可能影响公正执行公务的宴请或者旅游、健身、娱乐等活动安排,情节较重的,给予警告或者严重警告处分;情节严重的,给予撤销党内职务或者留党察看处分。

(9)违反有关规定取得、持有、实际使用运动健身卡、会所和俱乐部会员卡、高尔夫球卡等各种消费卡,或者违反有关规定出入私人会所,情节较重的,给予警告或者严重警告处分;情节严重的,给予撤销党内职务或者留党察看处分。

(10)违反有关规定从事营利活动,有下列行为之一,情节较轻的,给予警告或者严重警告处分;情节较重的,给予撤销党内职务或者留党察看处分;情节严重的,给予开除党籍处分:①经商办企业的;②拥有非上市公司(企业)的股份或者证券的;③买卖股票或者进行其他证券投资的;

④从事有偿中介活动的；⑤在国（境）外注册公司或者投资入股的；⑥有其他违反有关规定从事营利活动的。

利用参与企业重组改制、定向增发、兼并投资、土地使用权出让等决策、审批过程中掌握的信息买卖股票，利用职权或者职务上的影响通过购买信托产品、基金等方式非正常获利的，依照前款规定处理。

违反有关规定在经济组织、社会组织等单位中兼职，或者经批准兼职但获取薪酬、奖金、津贴等额外利益的，依照前述规定处理。

（11）利用职权或者职务上的影响，为配偶、子女及其配偶等亲属和其他特定关系人在审批监管、资源开发、金融信贷、大宗采购、土地使用权出让、房地产开发、工程招投标以及公共财政支出等方面谋取利益，情节较轻的，给予警告或者严重警告处分；情节较重的，给予撤销党内职务或者留党察看处分；情节严重的，给予开除党籍处分。

利用职权或者职务上的影响，为配偶、子女及其配偶等亲属和其他特定关系人吸收存款、推销金融产品等提供帮助谋取利益的，依照前款规定处理。

（12）党员领导干部离职或者退（离）休后违反有关规定接受原任职务管辖的地区和业务范围内的企业和中介机构的聘任，或者个人从事与原任职务管辖业务相关的营利活动，情节较轻的，给予警告或者严重警告处分；情节较重的，给予撤销党内职务处分；情节严重的，给予留党察看处分。

党员领导干部离职或者退（离）休后违反有关规定担任上市公司、基金管理公司独立董事、独立监事等职务，情节较轻的，给予警告或者严重警告处分；情节较重的，给予撤销党内职务处分；情节严重的，给予留党察看处分。

（13）党员领导干部的配偶、子女及其配偶，违反有关规定在该党员领导干部管辖的地区和业务范围内从事可能影响其公正执行公务的经营活动，或者在该党员领导干部管辖的地区和业务范围内的外商独资企业、中外合资企业中担任由外方委派、聘任的高级职务或者违规任职、兼职取酬的,该党员领导干部应当按照规定予以纠正;拒不纠正的,其本人应当辞去现任职务或者由组织予以调整职务;不辞去现任职务或者不服从组织调整职务的,给予撤销党内职务处分。

(14)党和国家机关违反有关规定经商办企业的,对直接责任者和领导责任者,给予警告或者严重警告处分;情节严重的,给予撤销党内职务处分。

(15)党员领导干部违反工作、生活保障制度,在交通、医疗、警卫等方面为本人、配偶、子女及其配偶等亲属和其他特定关系人谋求特殊待遇,情节较重的,给予警告或者严重警告处分;情节严重的,给予撤销党内职务或者留党察看处分。

(16)在分配、购买住房中侵犯国家、集体利益,情节较轻的,给予警告或者严重警告处分;情节较重的,给予撤销党内职务或者留党察看处分;情节严重的,给予开除党籍处分。

(17)利用职权或者职务上的影响,侵占非本人经管的公私财物,或者以象征性地支付钱款等方式侵占公私财物,或者无偿、象征性地支付报酬接受服务、使用劳务,情节较轻的,给予警告或者严重警告处分;情节较重的,给予撤销党内职务或者留党察看处分;情节严重的,给予开除党籍处分。

利用职权或者职务上的影响,将本人、配偶、子女及其配偶等亲属应当由个人支付的费用,由下属单位、其他单位或者他人支付、报销的,依照前款规定处理。

(18)利用职权或者职务上的影响,违反有关规定占用公物归个人使用,时间超过6个月,情节较重的,给予警告或者严重警告处分;情节严重的,给予撤销党内职务处分。

占用公物进行营利活动的,给予警告或者严重警告处分;情节较重的,给予撤销党内职务或者留党察看处分;情节严重的,给予开除党籍处分。

将公物借给他人进行营利活动的，依照前款规定处理。

(19)违反有关规定组织、参加用公款支付的宴请、高消费娱乐、健身活动，或者用公款购买赠送或者发放礼品、消费卡(券)等，对直接责任者和领导责任者，情节较轻的，给予警告或者严重警告处分；情节较重的，给予撤销党内职务或者留党察看处分；情节严重的，给予开除党籍处分。

(20)违反有关规定自定薪酬或者滥发津贴、补贴、奖金等，对直接责任者和领导责任者，情节较轻的，给予警告或者严重警告处分；情节较重的，给予撤销党内职务或者留党察看处分；情节严重的，给予开除党籍处分。

(21)有下列行为之一，对直接责任者和领导责任者，情节较轻的，给予警告或者严重警告处分；情节较重的，给予撤销党内职务或者留党察看处分；情节严重的，给予开除党籍处分：公款旅游或者以学习培训、考察调研、职工疗养等为名变相公款旅游的；改变公务行程，借机旅游的；参加所管理企业、下属单位组织的考察活动，借机旅游的。

以考察、学习、培训、研讨、招商、参展等名义变相用公款出国(境)旅游的，依照前款规定处理。

(22)违反公务接待管理规定，超标准、超范围接待或者借机大吃大喝，对直接责任者和领导责任者，情节较重的，给予警告或者严重警告处分；情节严重的，给予撤销党内职务处分。

(23)违反有关规定配备、购买、更换、装饰、使用公务交通工具或者有其他违反公务交通工具管理规定的行为，对直接责任者和领导责任者，情节较重的，给予警告或者严重警告处分；情节严重的，给予撤销党内职务或者留党察看处分。

(24)违反会议活动管理规定，有下列行为之一，对直接责任者和领导责任者，情节较重的，给予警告或者严重警告处分；情节严重的，给予撤销党内职务处分：到禁止召开会议的风景名胜区开会的；决定或者批准举办各类节会、庆典活动的。

擅自举办评比达标表彰活动或者借评比达标表彰活动收取费用的,依照前款规定处理。

(25)违反办公用房管理等规定,有下列行为之一,对直接责任者和领导责任者,情节较重的,给予警告或者严重警告处分;情节严重的,给予撤销党内职务处分:决定或者批准兴建、装修办公楼、培训中心等楼堂馆所的;超标准配备、使用办公用房的;用公款包租、占用客房或者其他场所供个人使用的。

(26)搞权色交易或者给予财物搞钱色交易的,给予警告或者严重警告处分;情节较重的,给予撤销党内职务或者留党察看处分;情节严重的,给予开除党籍处分。

(27)有其他违反廉洁纪律规定行为的,应当视具体情节给予警告直至开除党籍处分。

▶ 23. 党员干部应了解的违反群众纪律的违纪行为及其处分有哪些

案例

某村党支部书记刘某在得知村里的某地块可能被征用后,就借了位于该地块的村民张某的土地,将原先栽种烤烟的土地进行改造,将该土地从其他农用地变成了耕地。之后,当地煤矿征用了这片土地。刘某没有将实际征用土地面积、补偿标准告诉张某,侵占了张某土地补偿款8万余元。事发后,刘某因违反群众纪律而被镇纪委给予党内严重警告处分,并被勒令退还侵占款项。那么,违反群众纪律的违纪行为有哪些?会受到什么党纪处分?

解析

《纪律处分条例》第9章(第112~120条)规定了对违反群众纪律行为的处分,这些违纪行为及其相应的党纪处分分别包括以下几个方面:

(1)有下列行为之一,对直接责任者和领导责任者,情节较轻的,给予警告或者严重警告处分;情节较重的,给予撤销党内职务或者留党察看处分;情节严重的,给予开除党籍处分:①超标准、超范围向群众筹资筹劳、摊派费用,加重群众负担的;②违反有关规定扣留、收缴群众款物或者处罚群众的;③克扣群众财物,或者违反有关规定拖欠群众钱款的;④在管理、服务活动中违反有关规定收取费用的;⑤在办理涉及群众事务时刁难群众、吃拿卡要的;⑥有其他侵害群众利益行为的。

在扶贫领域有上述行为的,从重或者加重处分。

(2)干涉生产经营自主权,致使群众财产遭受较大损失的,对直接责任者和领导责任者,给予警告或者严重警告处分;情节严重的,给予撤销党内职务或者留党察看处分。

(3)在社会保障、政策扶持、扶贫脱贫、救灾救济款物分配等事项中优亲厚友、明显有失公平的,给予警告或者严重警告处分;情节较重的,给予撤销党内职务或者留党察看处分;情节严重的,给予开除党籍处分。

(4)利用宗族或者黑恶势力等欺压群众,或者纵容涉黑涉恶活动、为黑恶势力充当“保护伞”的,给予撤销党内职务或者留党察看处分;情节严重的,给予开除党籍处分。

(5)有下列行为之一,对直接责任者和领导责任者,情节较重的,给予警告或者严重警告处分;情节严重的,给予撤销党内职务或者留党察看处分:①对涉及群众生产、生活等切身利益的问题依照政策或者有关规定能解决而不及时解决,慵懒无为、效率低下,造成不良影响的;②对符合政策的群众诉求消极应付、推诿扯皮,损害党群、干群关系的;③对待群众态度恶劣、简单粗暴,造成不良影响的;④弄虚作假,欺上瞒下,损害群众利益的;⑤有其他不作为、乱作为等损害群众利益行为的。

(6)盲目举债、铺摊子、上项目,搞劳民伤财的“形象工程”“政绩工程”,致使国家、集体或者群众财产和利益遭受较大损失的,对直接责任者和领导责任者,给予警告或者严重警告处分;情节严重的,给予撤销党内职务、留党察看或者开除党籍处分。

(7)遇到国家财产和群众生命财产受到严重威胁时,能救而不救,情节较重的,给予警告、严重警告或者撤销党内职务处分;情节严重的,给予留党察看或者开除党籍处分。

(8)不按照规定公开党务、政务、厂务、村(居)务等,侵犯群众知情权,对直接责任者和领导责任者,情节较重的,给予警告或者严重警告处分;情节严重的,给予撤销党内职务或者留党察看处分。

(9)有其他违反群众纪律规定行为的,应当视具体情节给予警告直至开除党籍处分。

▶ 24. 党员干部应了解的违反工作纪律的违纪行为及其处分有哪些

案例

某镇党委在一次检查中发现,在述责述廉活动中,某村党支部成员的述责述廉内容完全一样;而且,该村党支部的议事决策制度中竟然出现了“认真贯彻妇联……的决定”。镇党委认为,以上情况表明该村党支部存在机械照搬,抄袭拼凑问题,典型的形式主义、官僚主义。村党支部书记因违反工作纪律而受到严重警告处分。那么,违反工作纪律的违纪行为有哪些?这些违纪行为会受到什么处分?

解析

违反工作纪律的行为规定在《纪律处分条例》的第 10 章(第 121 ~

133 条)：

(1)工作中不负责任或者疏于管理，贯彻执行、检查督促落实上级决策部署不力，给党、国家和人民利益以及公共财产造成较大损失的，对直接责任者和领导责任者，给予警告或者严重警告处分；造成重大损失的，给予撤销党内职务、留党察看或者开除党籍处分。

贯彻创新、协调、绿色、开放、共享的发展理念不力，对职责范围内的问题失察失责，造成较大损失或者重大损失的，从重或者加重处分。

(2)有下列行为之一，造成严重不良影响，对直接责任者和领导责任者，情节较轻的，给予警告或者严重警告处分；情节较重的，给予撤销党内职务或者留党察看处分；情节严重的，给予开除党籍处分：①贯彻党中央决策部署只表态不落实的；②热衷于搞舆论造势、浮在表面的；③单纯以会议贯彻会议、以文件落实文件，在实际工作中不见诸行动的；④工作中有其他形式主义、官僚主义行为的。

(3)党组织有下列行为之一，对直接责任者和领导责任者，情节较重的，给予警告或者严重警告处分；情节严重的，给予撤销党内职务或者留党察看处分：①党员被依法判处刑罚后，不按照规定给予党纪处分，或者对违反国家法律法规的行为，应当给予党纪处分而不处分的；②党纪处分决定或者申诉复查决定作出后，不按照规定落实决定中关于被处分人党籍、职务、职级、待遇等事项的；③党员受到党纪处分后，不按照干部管理权限和组织关系对受处分党员开展日常教育、管理和监督工作的。

(4)因工作不负责任致使所管理的人员叛逃的，对直接责任者和领导责任者，给予警告或者严重警告处分；情节严重的，给予撤销党内职务处分。

因工作不负责任致使所管理的人员出走，对直接责任者和领导责任者，情节较重的，给予警告或者严重警告处分；情节严重的，给予撤销党内职务处分。

(5)在上级检查、视察工作或者向上级汇报、报告工作时对应当报告的事项不报告或者不如实报告,造成严重损害或者严重不良影响的,对直接责任者和领导责任者,给予警告或者严重警告处分;情节严重的,给予撤销党内职务或者留党察看处分。

在上级检查、视察工作或者向上级汇报、报告工作时纵容、唆使、暗示、强迫下级说假话、报假情的,从重或者加重处分。

(6)党员领导干部违反有关规定干预和插手市场经济活动,有下列行为之一,造成不良影响的,给予警告或者严重警告处分;情节较重的,给予撤销党内职务或者留党察看处分;情节严重的,给予开除党籍处分:①干预和插手建设工程项目承发包、土地使用权出让、政府采购、房地产开发与经营、矿产资源开发利用、中介机构服务等活动的;②干预和插手国有企业重组改制、兼并、破产、产权交易、清产核资、资产评估、资产转让、重大项目投资以及其他重大经营活动等事项的;③干预和插手批办各类行政许可和资金借贷等事项的;④干预和插手经济纠纷的;⑤干预和插手集体资金、资产和资源的使用、分配、承包、租赁等事项的。

(7)党员领导干部违反有关规定干预和插手司法活动、执纪执法活动,向有关地方或者部门打听案情、打招呼、说情,或者以其他方式对司法活动、执纪执法活动施加影响,情节较轻的,给予严重警告处分;情节较重的,给予撤销党内职务或者留党察看处分;情节严重的,给予开除党籍处分。

党员领导干部违反有关规定干预和插手公共财政资金分配、项目立项评审、政府奖励表彰等活动,造成重大损失或者不良影响的,依照前款规定处理。

(8)泄露、扩散或者打探、窃取党组织关于干部选拔任用、纪律审查、巡视巡察等尚未公开事项或者其他应当保密的内容的,给予警告或者严重警告处分;情节较重的,给予撤销党内职务或者留党察看处分;情节严重的,给予开除党籍处分。

私自留存涉及党组织关于干部选拔任用、纪律审查、巡视巡察等方面资料，情节较重的，给予警告或者严重警告处分；情节严重的，给予撤销党内职务处分。

（9）在考试、录取工作中，有泄露试题、考场舞弊、涂改考卷、违规录取等违反有关规定行为的，给予警告或者严重警告处分；情节较重的，给予撤销党内职务或者留党察看处分；情节严重的，给予开除党籍处分。

（10）以不正当方式谋求本人或者其他人用公款出国（境），情节较轻的，给予警告处分；情节较重的，给予严重警告处分；情节严重的，给予撤销党内职务处分。

（11）临时出国（境）团（组）或者人员中的党员，擅自延长在国（境）外期限，或者擅自变更路线的，对直接责任者和领导责任者，给予警告或者严重警告处分；情节严重的，给予撤销党内职务处分。

（12）驻外机构或者临时出国（境）团（组）中的党员，触犯驻在国家、地区的法律、法令或者不尊重驻在国家、地区的宗教习俗，情节较重的，给予警告或者严重警告处分；情节严重的，给予撤销党内职务、留党察看或者开除党籍处分。

（13）在党的纪律检查、组织、宣传、统一战线工作以及机关工作等其他工作中，不履行或者不正确履行职责，造成损失或者不良影响的，应当视具体情节给予警告直至开除党籍处分。

25. 党员干部应了解的违反生活纪律的违纪行为及其处分有哪些

案例

某村村支书魏某生活比较奢靡、贪图享乐，在村中造成了不良影响，受到了警告的党纪处分。那么，党员违反生活纪律的行为有哪些？会受到什么党纪处分？

解析

党员不仅要严格遵守政治纪律、组织纪律、廉洁纪律、群众纪律和工作纪律,还要严格遵守生活纪律,管住自己、重视家风,树立良好形象。《纪律处分条例》第11章(第134~138条)规定了以下违反生活纪律的违纪行为及其党纪处分:

(1)生活奢靡、贪图享乐、追求低级趣味,造成不良影响的,给予警告或者严重警告处分;情节严重的,给予撤销党内职务处分。

(2)与他人发生不正当性关系,造成不良影响的,给予警告或者严重警告处分;情节较重的,给予撤销党内职务或者留党察看处分;情节严重的,给予开除党籍处分。

利用职权、教养关系、从属关系或者其他相类似关系与他人发生性关系的,从重处分。

(3)党员领导干部不重视家风建设,对配偶、子女及其配偶失管失教,造成不良影响或者严重后果的,给予警告或者严重警告处分;情节严重的,给予撤销党内职务处分。

(4)违背社会公序良俗,在公共场所有不当行为,造成不良影响的,给予警告或者严重警告处分;情节较重的,给予撤销党内职务或者留党察看处分;情节严重的,给予开除党籍处分。

(5)有其他严重违反社会公德、家庭美德行为的,应当视具体情节给予警告直至开除党籍处分。

▶ 26. 村“两委”干部利用职务之便发放土特产应如何处理

案例

某村借工作培训之机,用公款向与会人员发放价值28,100元的土特产品。后上级纪委介入调查。在调查期间,村“两委”班子成员意识到这种行为违反了规定,于是主动退缴28,100元。最后,村党支部书记魏某、村主任吕某被给予党内警告处分。那么,村“两委”干部利用职务之便发放土特产应如何处理?

解析

按照中央“六条禁令”的规定,各单位不准以任何理由和形式向上级部门赠送土特产,包括各种提货券。严禁违反规定收送礼品、礼金、有价证券、支付凭证和商业预付卡。各级党政机关和村“两委”班子要严格纪律要求,加强管理,杜绝收受和赠送土特产以及可能影响公正执行公务的礼品、礼金、有价证券、支付凭证和商业预付卡,严禁利用婚丧嫁娶等事宜借机敛财。

违反上述规定,收受可能影响公正执行公务的礼品、礼金等财物的,根据《纪律处分条例》第 88 条的规定,情节较轻的,给予警告或者严重警告处分;情节较重的,给予撤销党内职务或者留党察看处分;情节严重的,给予开除党籍处分。如果是向从事公务的人员及其配偶、子女及其配偶等亲属和其他特定关系人赠送明显超出正常礼尚往来的礼品、礼金等财物的,根据《纪律处分条例》第 89 条的规定,情节较重的,给予警告或者严重警告处分;情节严重的,给予撤销党内职务或者留党察看处分。

二、违法犯罪

▶ 1. 如何认定村“两委”干部的行为是否构成贪污罪

案例

某铁路公司要修建一条铁路,在某村征地。在征地过程中,负责征地协调工作的国土资源局干部郭某以解决其部分费用为借口,向村党支部书记马某、村民委员会主任张某两人提出,可通过增加占地面积的方式套取征地补偿款,二人表示同意。后马某、张某与村民委员会会计殷某、村民委员会副主任王某商量后,利用伪造的补偿花名册增加占地面积,套取补偿款10余万元。郭某分得4万元,剩余补偿款被马某等4名村干部均分后占为己有。此外,马某、张某、殷某、王某经过共同预谋,以环境整治项目支出为名,利用伪造的人工车辆花名册,先后两次套取本村集体提留款8.4万元并私分。事发后,因犯贪污罪,4人分别被判处7~8年有期徒刑。区纪委给予该4人开除党籍的处分。

解析

根据《刑法》第382条的规定,贪污罪,是指国家工作人员和受国家机关、国有公司、企业、事业单位、人民团体委托管理、经营国有财产的人员,利用职务上的便利,侵吞、窃取、骗取或者以其他手段非法占有公共财物的行为。贪污罪属于一种严重的经济犯罪,不仅侵害了人民群众的利益,而且损害了党和国家的形象,造成整个社会的信任危机。

贪污罪的犯罪主体是特定的,即国家工作人员和受国家机关、国有公司、企业、事业单位、人民团体委托管理、经营国有财产的人员。一般情况下，村干部并不符合贪污罪关于犯罪主体的条件。但是，根据全国人民代表大会常务委员会《关于〈中华人民共和国刑法〉第九十三条第二款的解释》(2009年修正)的释义，村干部在从事下列行为时，属于“其他依照法律从事公务的人员”，属于贪污罪的主体：(1)救灾、抢险、防汛、优抚、扶贫、移民、救济款物的管理；(2)社会捐助公益事业款物的管理；(3)国有土地的经营和管理；(4)土地征收、征用补偿费用的管理；(5)代征、代缴税款；(6)有关计划生育、户籍、征兵工作；(7)协助人民政府从事的其他行政管理工作。

如果村干部利用职务上的便利，在从事以上工作时非法占有公共财物，符合《刑法》关于贪污罪的规定。所以村干部特定情况下可以构成贪污罪，应承担相应的刑事责任。

对犯贪污罪的，根据《刑法》第383条和最高人民法院、最高人民检察院《关于办理贪污贿赂刑事案件适用法律若干问题的解释》(法释〔2016〕9号)第1条第1~2款、第2条第1~2款、第3条第1~2款的规定，进行处罚。

(1)贪污数额较大或者有其他较重情节的，处3年以下有期徒刑或者拘役，并处罚金。贪污数额在3万元以上不满20万元的，应当认定为“数额较大”；贪污数额在1万元以上不满3万元，具有下列情形之一的，应当认定为“其他较重情节”：①贪污救灾、抢险、防汛、优抚、扶贫、移民、救济、防疫、社会捐助等特定款物的；②曾因贪污、受贿、挪用公款受过党纪、行政处分的；③曾因故意犯罪受过刑事追究的；④赃款赃物用于非法活动的；⑤拒不交待赃款赃物去向或者拒不配合追缴工作，致使无法追缴的；⑥造成恶劣影响或者其他严重后果的。

(2)贪污数额巨大或者有其他严重情节的，处3年以上10年以下有期徒刑，并处罚金或者没收财产。贪污数额在20万元以上不满300万元的，应当认定为“数额巨大”；贪污数额在10万元以上不满20万元，具有贪污救灾、抢险、防汛、优抚、扶贫、移民、救济、防疫、社会捐助等特定款物及上述六种情节的,应当认定为“其他严重情节”。

(3)贪污数额特别巨大或者有其他特别严重情节的,处10年以上有期徒刑或者无期徒刑,并处罚金或者没收财产;数额特别巨大,并使国家和人民利益遭受特别重大损失的,处无期徒刑或者死刑,并处没收财产。

最高人民法院、最高人民检察院《关于办理贪污贿赂刑事案件适用法律若干问题的解释》第4条规定,贪污数额特别巨大,犯罪情节特别严重、社会影响特别恶劣、给国家和人民利益造成特别重大损失的,可以判处死刑。如果有可以被判处死刑缓期执行的情形的,人民法院根据犯罪情节等情况可以同时决定在其死刑缓期执行二年期满依法减为无期徒刑后,终身监禁,不得减刑、假释。

对多次贪污未经处理的,按照累计贪污数额处罚。

在提起公诉前,如果能够如实供述自己罪行、真诚悔罪、积极退赃,避免、减少损害结果的发生,有可能被处以3年以下有期或者拘役的,可以从轻、减轻或者免除处罚;有可能被处以3年以上10年以下有期徒刑或者10年以上有期徒刑、无期徒刑甚至死刑的,可以减轻处罚。

2. 村“两委”干部哪些行为构成受贿罪

案例

某村原党支部书记范某,经与该村主任刘某商量,将该村工业城4亩土地租赁给个体经营户李某经营。租赁协议签订后,李某为感谢范某、刘某,向二人行贿35万元,其中,范某分得20万元,刘某分得15万元。此外,范某还利用负责拆迁补偿复核审签的职务之便,先后两次收受拆迁户王某、蒋某贿赂款共计47万元。在收受王某贿赂后,范某利用职务之便致使王某多套取拆迁补偿款108万余元,造成国家重大经济损失。

范某身为村基层组织工作人员,利用职务之便,收受他人财物,为他人谋取利益,并滥用职权,致使国家利益受重大损失,其行为构成非国家工作人员受贿罪、受贿罪、滥用职权罪。法院一审以受贿罪,判处范某有期徒刑12年,以非国家工作人员受贿罪,判处有期徒刑6年,以滥用职权罪,判处有期徒刑1年,决定执行有期徒刑16年,受贿赃款依法上缴国库。

解析

根据《刑法》第385条的规定,受贿罪是指国家工作人员利用职务上的便利,索取他人财物的,或者非法收受他人财物,为他人谋取利益的行为。国家工作人员在经济往来中,违反国家规定,收受各种名义的回扣、手续费,归个人所有的,以受贿论处。受贿罪不仅侵犯了国家工作人员职务行为的廉洁性及公私财物所有权,还严重影响国家机关的正常职能履行,损害国家机关的形象、声誉。

受贿罪的主体只能是国家工作人员。但是,在特殊情况下,村干部也能成为受贿罪的主体。与贪污罪中的情形相同,根据全国人民代表大会常务委员会《关于〈中华人民共和国刑法〉第九十三条第二款的解释》(2009年修正),村民委员会等村基层组织人员协助人民政府从事下列行政管理工作,属于《刑法》第93条第2款规定的"其他依照法律从事公务的人员",以国家工作人员论:①救灾、抢险、防汛、优抚、扶贫、移民、救济款物的管理;②社会捐助公益事业款物的管理;③国有土地的经营和管理;④土地征收、征用补偿费用的管理;⑤代征、代缴税款;⑥有关计划生育、户籍、征兵工作;⑦协助人民政府从事的其他行政管理工作。

犯受贿罪的,根据《刑法》第386条和最高人民法院、最高人民检察院《关于办理贪污贿赂刑事案件适用法律若干问题的解释》第1条第2~3款、第2条第3款、第3条第3款的规定,根据受贿所得数额及情节,依照贪污罪的规定处罚,索贿的从重处罚。另外,受贿数额在1万元以上不满3万元,具有下列情形之一的,应当认定为"其他较重情节",依法判处

3年以下有期徒刑或者拘役,并处罚金:(1)曾因贪污、受贿、挪用公款受过党纪、行政处分的;(2)曾因故意犯罪受过刑事追究的;(3)赃款赃物用于非法活动的;(4)拒不交待赃款赃物去向或者拒不配合追缴工作,致使无法追缴的;(5)造成恶劣影响或者其他严重后果的;(6)多次索贿的;(7)为他人谋取不正当利益,致使公共财产、国家和人民利益遭受损失的;(8)为他人谋取职务提拔、调整的。

受贿数额在10万元以上不满20万元,具有下列情形之一的,应当认定为受贿罪的“其他严重情节”:(1)多次索贿的;(2)为他人谋取不正当利益,致使公共财产、国家和人民利益遭受损失的;(3)为他人谋取职务提拔、调整的。

另外,还需要注意的是,即使村干部并没有从事协助政府的行政管理工作,只要其利用职务便利,索取他人财物或者非法收受他人财物,为他人谋取利益的,同样会触犯刑法,根据最高人民法院、最高人民检察院《关于办理商业贿赂刑事案件适用法律若干问题的意见》第2条的规定,构成《刑法》第163条规定的非国家工作人员受贿罪。

▶ 3. 村“两委”干部哪些行为构成挪用公款罪

案例

张某是某村民委员会干部,该村所在市政府印发了《被征地农民养老保险暂行办法》。该办法规定,由村集体经济组织统一收缴被征地农民集体和个人缴纳的保险费资金,符合条件的被征地农民到年龄后领取养老金。村民委员会经讨论后,决定由张某负责被征地农民养老保险金收缴及申报工作,张某随后以个人名义开立银行账户,作为被征地农民的养老保险专户。张某利用职务便利,先后共挪用该村被征地农民养老保险金296万元。事发后,张某被依法逮捕并因涉嫌挪用公款罪被提起公诉。经法院审理,张某犯挪用公款罪,被判处有期徒刑6年6个月,对其被挪用的公款予以追缴，返还被害单位。

解析

《刑法》第384条规定，国家工作人员利用职务上的便利，挪用公款归个人使用，进行非法活动的，或者挪用公款数额较大、进行营利活动的，或者挪用公款数额较大、超过3个月未还的，是挪用公款罪，处5年以下有期徒刑或者拘役；情节严重的，处5年以上有期徒刑。挪用公款数额巨大不退还的，处10年以上有期徒刑或者无期徒刑。

挪用用于救灾、抢险、防汛、优抚、扶贫、移民、救济款物归个人使用的，从重处罚。

挪用公款罪同样要求犯罪主体是国家工作人员。与贪污罪、受贿罪一样，村民委员会等村基层组织人员协助人民政府从事行政管理工作，利用职务上的便利，挪用救灾、抢险、防汛、优抚、扶贫、移民、救济款物、代征、代缴税款、社会捐助公益事业款物、土地征用补偿费用等，以国家工作人员论，构成挪用公款罪。挪用上述以外资金，数额较大的，构成挪用资金罪。

根据《刑法》第384条，以及最高人民法院、最高人民检察院《关于办理贪污贿赂刑事案件适用法律若干问题的解释》第5条、第6条的规定，挪用公款归个人使用，进行非法活动，数额在3万元以上的，应当以挪用公款罪追究刑事责任；数额在300万元以上的，应当认定为“数额巨大”。具有下列情形之一的，应当认定为“情节严重”：(1)挪用公款数额在100万元以上的；(2)挪用救灾、抢险、防汛、优抚、扶贫、移民、救济特定款物，数额在50万元以上不满100万元的；(3)挪用公款不退还，数额在50万元以上不满100万元的；(4)其他严重的情节。

挪用公款归个人使用，进行营利活动或者超过3个月未还，数额在5万元以上的，应当认定为“数额较大”；数额在500万元以上的，应当认定为“数额巨大”。具有下列情形之一的，应当认定为“情节严重”：(1)挪用公款数额在200万元以上的;(2)挪用救灾、抢险、防汛、优抚、扶贫、移民、救济特定款物,数额在100万元以上不满200万元的;(3)挪用公款不退还,数额在100万元以上不满200万元的;(4)其他严重的情节。

4. 村“两委”干部哪些行为构成挪用资金罪

案例

王某担任村支书的3年期间,先后10余次收受或索取企业主的贿赂,擅自挪用村集体资金给企业主用于周转。但是,企业因为经营困难,长时间没有还上村里的资金,使村集体的工作陷入被动。那么王某是否构成挪用资金罪呢?村“两委”干部的哪些行为构成挪用资金罪?

解析

根据《刑法》第272条第1款的规定,挪用资金罪是指公司、企业或者其他单位的工作人员,利用职务上的便利,挪用本单位资金归个人使用或者借贷给他人,数额较大、超过3个月未还的,或者虽未超过3个月,但数额较大、进行营利活动的,或者进行非法活动的行为。

村民委员会属于基层自治组织,不是国家机关工作人员,属于“其他单位”的范畴,如果村干部没有协助人民政府从事行政管理工作,挪用资金数额较大的,以挪用资金罪定罪处罚。本案中,王某利用担任村支书的工作便利,擅自挪用村集体资金借给他人使用,且长期未还,已经构成挪用资金罪。

如果公司、企业或者其他单位的工作人员,利用职务上的便利,挪用本单位资金归个人使用或者借贷给他人,数额较大、超过3个月未还的,或者虽未超过3个月,但数额较大、进行营利活动的,或者进行非法活动的,处3年以下有期徒刑或者拘役;挪用本单位资金数额巨大的,或者数额较大不退还的,处3年以上10年以下有期徒刑。

根据最高人民法院、最高人民检察院《关于办理贪污贿赂刑事案件适用法律若干问题的解释》第11条第2款的规定，关于“数额较大”、“数额巨大”以及“进行非法活动”情形的数额起点，按照挪用公款罪“数额较大”、“情节严重”以及“进行非法活动”的数额标准规定的两倍执行：(1)挪用资金归个人使用，进行营利活动或者超过3个月未还，数额在10万元以上的，应当认定为“数额较大”。(2)挪用资金归个人使用，进行营利活动或者超过3个月未还，数额在1000万元以上的，应当认定为“数额巨大”。(3)挪用资金归个人使用，进行非法活动，数额在6万元以上的，应当依照挪用资金罪追究刑事责任；数额在600万元以上的，应当认定为“数额巨大”。

具有下列情形之一的，应当认定为“情节严重”：挪用资金数额在200万元以上的；挪用救灾、抢险、防汛、优抚、扶贫、移民、救济特定款物，数额在50万元以上不满200万元的；挪用资金不退还，数额在100万元以上不满200万元的；其他严重的情节。

▶ 5. 村“两委”干部哪些行为构成职务侵占罪

案例

村党支部书记左某、村民委员会主任徐某计划将村原办公楼出售，与村民吴某商定的成交价格为26万元。在签合同时，左某等人故意将价格写成20万元，其余6万元未入账而被左某和徐某私分。那么，左某等人的行为是否构成职务侵占罪？村“两委”干部哪些行为构成职务侵占罪？

解析

根据《刑法》第271条第1款的规定，职务侵占罪，是指公司、企业或者其他单位的人员，利用职务上的便利，将本单位财物非法占为己有，数额较大的行为。职务侵占罪的犯罪主体是公司、企业或者其他单位的工作人员,不属于国家工作人员。本案中,村“两委”干部左某和徐某等人利用职务之便,共同私分本单位售楼款,其行为并不属于协助政府从事行政管理的工作,因此构成职务侵占罪,而不是贪污罪。

关于量刑,《刑法》第 271 条第 1 款规定,公司、企业或者其他单位的人员,利用职务上的便利,将本单位财物非法占为己有,数额较大的,处 3 年以下有期徒刑或者拘役;数额巨大的,处 3 年以上 10 年以下有期徒刑,并处罚金;数额特别巨大的,处 10 年以上有期徒刑或者无期徒刑,并处罚金。

根据最高人民法院、最高人民检察院《关于办理贪污贿赂刑事案件适用法律若干问题的解释》第 11 条第 1 款的规定,职务侵占罪中的“数额较大”“数额巨大”的数额起点,按照贪污罪相对应的数额标准规定的 5 倍执行:(1)侵占数额在 15 万元以上不满 100 万元的,应当认定为“数额较大”;(2)侵占数额在 100 万元以上不满 1500 万元的,应当认定为“数额巨大”。

当然,构成本罪要有“利用职务上的便利”的情节,即行为人利用了自己在本单位所具有职务所产生的方便条件。

6. 如何认定村“两委”干部的行为是否构成行贿犯罪

案例

在某村征地过程中,村党支部书记李某以国土自然资源部门征地价格太低、村民不会同意、无法做通村民的工作为由,向国土自然资源部门负责征地的工作人员吴某提出提高地价,后吴某依约行事。同时,为提高征地补偿价,李某以补偿被征土地范围内的基础设施等名义签订了补偿协议,增补了 84 万余元。将征地补偿协议书交村民签名后,李某又在补充协议上假冒部分村民签名,然后将两份协议交给吴某,并要求吴某将 84 万余元征地补偿款拨付至其指定账户,并拿出 5 万元人民币送给吴某,希望其按照两份补充协议办理手续。李某私下送给吴某5万元钱的行为,涉嫌构成行贿罪。那么,如何认定村“两委”干部的行为是否构成行贿罪?

解析

行贿犯罪涉及以下几个罪名:行贿罪、对有影响力的人行贿罪、对单位行贿罪、介绍贿赂罪、单位行贿罪。

(1)行贿罪。《刑法》第389条规定,为谋取不正当利益,给予国家工作人员以财物的,是行贿罪。在经济往来中,违反国家规定,给予国家工作人员以财物,数额较大的,或者违反国家规定,给予国家工作人员以各种名义的回扣、手续费的,以行贿论处。但是,因被勒索给予国家工作人员以财物,没有获得不正当利益的,不是行贿。

(2)行贿罪的处罚规定。

第一,行贿数额在3万元以上的,构成行贿罪,处5年以下有期徒刑或者拘役,并处罚金,但特殊情况除外。

根据最高人民法院、最高人民检察院《关于办理贪污贿赂刑事案件适用法律若干问题的解释》第7条的规定,为谋取不正当利益,向国家工作人员行贿,数额在3万元以上的,应当以行贿罪追究刑事责任。

行贿数额在1万元以上不满3万元,具有下列情形之一的,应当依照行贿罪追究刑事责任:①向3人以上行贿的;②将违法所得用于行贿的;③通过行贿谋取职务提拔、调整的;④向负有食品、药品、安全生产、环境保护等监督管理职责的国家工作人员行贿,实施非法活动的;⑤向司法工作人员行贿,影响司法公正的;⑥造成经济损失数额在50万元以上不满100万元的。上述情形虽然行贿数额不足3万,但仍然构成行贿罪。

第二,因行贿谋取不正当利益,情节严重的,或者使国家利益遭受重大损失的,处5年以上10年以下有期徒刑,并处罚金。

根据最高人民法院、最高人民检察院《关于办理贪污贿赂刑事案件适用法律若干问题的解释》第8条的规定,具有下列情形之一的,应当认定为“情节严重”:①行贿数额在100万元以上不满500万元的;②行贿数额在50万元以上不满100万元,并具有上述向3人以上行贿等五种情形之一的;③其他严重的情节。

为谋取不正当利益,向国家工作人员行贿,造成经济损失数额在100万元以上不满500万元的,应当认定为“使国家利益遭受重大损失”;造成经济损失数额在500万元以上的,应当认定为“使国家利益遭受特别重大损失”。

第三,犯行贿罪,情节特别严重的,或者使国家利益遭受特别重大损失的,处10年以上有期徒刑或者无期徒刑,并处罚金或者没收财产。

根据最高人民法院、最高人民检察院《关于办理贪污贿赂刑事案件适用法律若干问题的解释》第9条的规定,具有下列情形之一的,应当认定为“情节特别严重”:①行贿数额在500万元以上的;②行贿数额在250万元以上不满500万元,并具有上述向3人以上行贿等五种情形之一的;③其他特别严重的情节。

第四,《刑法》第390条第2款规定,行贿人在被追诉前主动交待行贿行为的,可以从轻或者减轻处罚。其中,犯罪较轻的,对侦破重大案件起关键作用的,或者有重大立功表现的,可以减轻或者免除处罚。

(3)对有影响力的人行贿罪。《刑法》第390条之一第1款规定,为谋取不正当利益,向国家工作人员的近亲属或者其他与该国家工作人员关系密切的人,或者向离职的国家工作人员或者其近亲属以及其他与其关系密切的人行贿的,处3年以下有期徒刑或者拘役,并处罚金;情节严重的,或者使国家利益遭受重大损失的,处3年以上7年以下有期徒刑,并处罚金;情节特别严重的,或者使国家利益遭受特别重大损失的,处7年以上10年以下有期徒刑,并处罚金。

(4)对单位行贿罪。《刑法》第391条第1款规定,为谋取不正当利益,给予国家机关、国有公司、企业、事业单位、人民团体以财物的,或者在经济往来中，违反国家规定，给予各种名义的回扣、手续费的，处 3 年以下有期徒刑或者拘役，并处罚金。

（5）介绍贿赂罪。《刑法》第 392 条规定，向国家工作人员介绍贿赂，情节严重的，处 3 年以下有期徒刑或者拘役，并处罚金。

介绍贿赂人在被追诉前主动交待介绍贿赂行为的，可以减轻处罚或者免除处罚。

（6）单位行贿罪。《刑法》第 393 条规定，单位为谋取不正当利益而行贿，或者违反国家规定，给予国家工作人员以回扣、手续费，情节严重的，对单位判处罚金，并对其直接负责的主管人员和其他直接责任人员，处 5 年以下有期徒刑或者拘役，并处罚金。因行贿取得的违法所得归个人所有的，依照《刑法》第 389 条、第 390 条的规定定罪处罚。